教师公文包
教师必备知识丛书

旅游天地

娄佃花 编

航空工业出版社
北京

内 容 提 要

本书带你认识中国各地的旅游景地和文化遗产，内容丰富有趣，帮你普及旅游中应该注意的事项和小常识、其中涵盖了旅游导趣、旅游热线、旅游健康、旅游新时尚等，内容包括幼儿郊游的膳食、怎样预防晕车、晕船、晕机、老人春游八忌、登山旅游前的准备等，应有尽有，本书都有涉及，是广大教师及学生们增长地理知识和旅游前必读书籍。

本书针对中小学教师读者为主，对中小学教师提升自身素质和专业技能有所帮助。本书可作为教师培训教材也适合图书馆收藏。

图书在版编目（CIP）数据

旅游天地 / 娄佃花编. -- 北京 : 航空工业出版社, 2019.1（2022.3 重印）
ISBN 978-7-5165-1634-8

Ⅰ. ①旅… Ⅱ. ①娄… Ⅲ. ①旅游教育－中小学－师资培训－教材 Ⅳ. ①G633.552

中国版本图书馆CIP数据核字(2018)第144207号

旅游天地
Lüyou Tiandi

航空工业出版社出版发行
（北京市朝阳区京顺路5号曙光大厦C座四层　100028）
发行部电话：010-85672663　010-85672683
永清县晔盛亚胶印有限公司印刷　全国各地新华书店经营
2019年1月第1版　2022年3月第2次印刷
开本：710×1000　1/16　印张：12.5　字数：190千字
印数：5001—11000　定价：37.50元

目　录

旅游导趣

旅游热线

旅途健康

旅游新时尚

旅游导趣

教师必备知识丛书

旅游胜地之最

中国版图上的22个世界之最

世界最长的城墙——中国万里长城

世界最古老的东西贸易通道——丝绸之路

世界围地面积最大的城墙——明代南京石头城

世界最高的北回归线标志塔——广东从化北回归线标志塔

世界水稻种植最北地区——黑龙江省呼玛县

世界最著名的涌潮——钱塘江潮

世界最大的陨石雨和陨石——降落在吉林省

世界最早的水闸式运河——广西灵渠

世界最长的运河——京杭大运河

世界含沙量最多的河流——黄河

世界海拔最高的大河——雅鲁藏布江

世界最高的大咸水湖——西藏纳木错湖

世界高峰最多的山脉——喜马拉雅山脉

世界最高的农业种植地区——西藏

世界流动沙丘面积百分比最大的沙漠——塔克拉玛干沙漠

世界最低的盆地——新疆吐鲁番盆地

世界陆面最大的高差——珠穆朗玛峰(8848.13米)与艾丁湖(－155

米）

世界熔岩地貌最发达之地——广西、贵州和云南东部

世界最大的黄土地貌区——中国黄土高原

世界最高峰和空气最稀薄之地——珠穆朗玛峰

世界最高、最年轻的高原——青藏高原

世界最高、最大的高原湖群分布区——藏北高原

北京十项旅游世界之最

一、世界最长的防御城墙——万里长城。各个时候所修筑长城的长度加起来达 5 万公里以上，现保存较好的明长城长达 7 千多公里，北京地域内的长城全长 624 公里。

二、世界最大的宫殿群——故宫。占地面积 72.425 万平方米，建筑面积现存 15.5 万平方米。

三、世界最大城市中心广场——天安门广场。东西宽 370 至 500 米，南北长 865 米，总面积约 40 公顷。

四、世界最大的祭天建筑群——天坛。占地 273 公顷。

五、世界上造景丰富、建筑集中保存最完整的皇家园林——颐和园。全园面积约为 290 公顷，库藏近 4 万件珍贵文物，共有殿、堂、厅、馆等建筑物数千间。

六、世界建园最早的皇家御园——北海。已有 800 多年的历史。

七、世界上保存完整、埋葬群——十三陵。共埋葬了明代的 13 位皇帝，23 位皇后。

八、世界上发现古人类遗存最丰富的文化遗址——周口店。

九、世界上石刻经版收藏量最大的寺庙——云居寺。现共收藏完整的石刻经版 14278 块，总计约 1700 万字。

十、世界上铭文字最多的大钟——永乐大钟。重约 46.5 吨的钟身内

外铸有汉文、梵文、佛教经咒100多种，总计23万余字。

其中万里长城、故宫、周口店遗址已于1987年被联合国教科文组织列入“世界文化和自然遗产”保护项目。

我国文物之最

最大钟楼：西安钟楼，正方形基座，每边长35.5米，通高36米。

最完整的宫殿群：北京故宫。

最长的游廊：北京颐和园长廊，全长728米，共273间。

最大的古城堡：南京中华门城堡，可屯兵3000。

最古最高的木塔：山西就县释加塔，建于1056年，高67米，底层直径30米。

最高的铁塔：山东济宁市铁塔高约24米。

最古的天文建筑：河南登封县观星台，建于元代初年。

最高的古佛像：四川乐山市大佛，通高71米，头高约15米，头宽10米，肩宽28米，眼长3.3米，耳长7米。

最古最大的铸铁件：河北沧县铁狮子，铸于953年，重约40吨。

最古的地面房建筑：山东长清县孝堂山郭氏墓石祠，距今约1500年。

旅游胜地之“大”

中国十大名胜

万里长城　始建于公元前7世纪，东起山海关，西至嘉峪关，全长12000里，故称万里长城。最初万里长城仅仅是北方各诸侯国在自己的领土建起的一段段防卫城墙。公元前3世纪，秦始皇统一中国后，将各国的旧城墙连接起来，奠定了万里长城的基础。此后，历经不断增建，到明代才大体形成现在模样的长城。

北京故宫　当今世界上现存的古代宫殿中规模最大的一座皇宫，始建于1406年(明永乐四年)成于1420年，占地23万平方米，有宫室9999间。它经历明清两代，24个皇帝。宫中主要建筑有：太和殿、中和殿、保和殿、交泰殿、皇极殿，以及乾清宫、坤宁宫、东西六宫、乾隆花园、御花园、珍宝馆等，其中太和殿是故宫里最大的宫殿，俗称“金銮殿”，是皇权至高无上的象征。

杭州西湖　湖岸总长15公里，全湖面积6平方公里。苏、白二堤将湖面分成外湖、里湖、岳湖、西里湖、小南湖五部分，自南宋始，西湖就有苏堤春晓、平湖秋月、花港观鱼、柳浪闻莺、双峰插云、三潭印月、雷锋夕照、南屏晚钟、曲院风荷、断桥残雪等十景。还有孤山、小瀛州、湖心亭、阮公墩点缀湖上，别有一番天地。

安徽黄山　位于安徽省南部，它集天下名山之美于一身。有奇松、怪石、云海、温泉“四绝”。一年四季，山间春花秋林，夏潭冬雪，景色变幻无穷。游罢黄山，会使人有“五岳归来不看山，黄山归来不看岳”的真切感觉。

秦陵兵马俑　秦陵兵马俑的确切名称是“秦始皇兵马俑从葬坑”，坑内共有陶俑近万个，陶马500多匹，木质战车130多乘。无论是兵是马均同真人真马一般，栩栩如生，坑内还有制作精良的强弓、劲弩、戈、矛、戟、镂、青铜宝剑等兵器。这一宏伟的地下建筑古迹，被誉为“世界第八奇迹”。

避暑山庄　河北承德的避暑山庄，兴建于清康熙四十二年(公元1703年)乾隆五十五年竣工，历时87年。山庄的园林，取其自然，有古朴典雅的田园风韵。山庄的4/5面积是山峦，庭院寺庙有40多处在山上。整个山庄景色诱人，气势雄伟壮观。乾隆帝对山庄曾有评语说：“何必江南罗绮月，请看塞北水云乡！”

长江三峡 它是世界上最大峡谷之一，西起四川奉节县白帝城，东到湖北宜昌南津关，全长204公里。

瞿塘峡是三峡第一峡。长8公里，最窄处仅100米，流速每秒8米。峡口的白帝城，相传是三国时“刘备托孤”的地方。

巫峡水道曲折迂回，两岸奇峰兀立，形状变幻无穷。著名的“巫山十二峰”就在这里。

西陵峡多险滩。泄滩、青滩、崆岭滩都在该段。古人有“瞿塘雄，巫峡秀，西陵险”之说。

苏州园林 “江南园林甲天下，苏州园林甲江南”。苏州名园林立，巧夺天工，以拙政园、留园、沧浪亭、狮子林为其代表。

拙政园，因地造景，景随步移，是具有江南特色的典型名园。留园分东、西、中、北四部分。沧浪亭全园面积约16亩，园中以山为主，沧浪亭立于山顶。狮子林因很多状如狮子的石峰罗列成一座石林而得名。

桂林山水 “江作青罗带，山如碧玉簪”，这是人们对桂林奇山异水的赞誉。

桂林的山，多为平地而起，如千树掌云、万剑钻天；桂林的水，澄澈清冽。青峰浴水，山水相接。

台湾日月潭 “台湾八景”之一，面积8平方公里，湖中有一孤岛，名光华岛。以光华岛为界，潭水分为丹碧二色。北半部水色丹，形如日轮，名曰日潭。南半部水色碧，形似弯月，故名月潭，合称日月潭。

我国十大名寺

白马寺 位于河南省洛阳城东，始建于东汉永平十一年。为佛教传入我国后兴建的第一座寺院。

灵隐寺 位于浙江省杭州西湖侧，始建于东晋咸阳初年，为江南著名古寺之一。

少林寺 位于河南省登县城西北，始建于北魏太和十九年，为中国佛教禅宗祖庭。

寒山寺 位于江苏省苏州枫桥镇,始建于梁天监年间。

隆兴寺 位于河北省定县,始建于隋开皇六年。为河北省现存最大古建筑群之一。

清净寺 位于福建省泉州,始建于北宋。为我国现存最古老的伊斯兰清真寺之一。

相国寺 位于河南开封市内,建于北齐天保六年。寺内存有清代万余斤巨钟一口。

卧佛寺 位于北京市海淀区西山寿安山南麓。始建于唐代贞观年间。主要建筑物有大王殿、卧佛殿等。

塔尔寺 位于青海湟中县,始建于明嘉靖三十九年,我国喇嘛教六大寺院之一。

扎什伦布寺 位于西藏日喀则城西,始建于1447年。寺内弥勒佛像为世界第一大铜佛。

中国十大赏雪胜地

尧山冬雪 广西桂林的尧山绵亘十多公里,为桂林诸山之冠,严冬季节,峰顶积雪,情趣盎然。

银苍玉洱 云南大理的洱海与西岸苍山积雪相辉映,在当地的"风花雪月"四景中,雪与月景最为引人入胜,素有"银苍玉洱"之誉。

西山晴雪 北京西山的"西山晴雪",是燕京"八景"之一。每当雪后初晴,座座山峰白雪皑皑,令人心旷神怡。

太白积雪 陕西省眉县城南的太白山,是关中地区最峰,诗人李白曾作《登太白峰》一诗,古有"太白积雪六月天"之说,为长安"八景"之一。

断桥残雪 杭州西湖观"断桥残雪"是得名于唐代张佑诗"断桥荒藓合"的佳句。每当冬末春初,积雪未消,春水初生,拱桥倒映,景色格外迷人。

玉山积雪 台湾的玉山为宝岛最高峰,山上常年积雪,故以"玉山"

称之。隆冬季节,一座座银装素裹的山峰,与苍翠的林木相互辉映,美不胜收,令人留连忘返,为台湾"八景"之一。

江天暮雪 湖南长沙湘江中的橘子洲江天"暮雪景观",是著名的潇湘"八景"之一。暮雪之际,游人伫立洲头,眺望江面,别有情趣。

厘峰积雪 江苏吴县西南太湖洞庭东山的"厘峰积雪"为该县"十景"之一。每当雪后,青山挂银,景色迷人。与之相对的洞庭西山亦是观赏雪景的好去处。

玉龙雪山 云南丽江纳西族自治县西北的玉龙山,为横断山南段的著名山地,山顶终年积雪,宛如晶莹的玉龙横卧山巅,别有情趣。

银装素裹 河南信阳东南鸡公山雪景"银装素裹"景点久负胜名。每当雪后,漫山琼枝玉叶,令人心旷神怡。

中国十大牡丹花观赏地

洛阳牡丹甲天下 洛阳牡丹植于隋,盛于唐宋,1985 年兴办牡丹花会以来,发展牡丹基地 5000 亩,总数达 500 余万株,有牡丹城之称。

菏泽牡丹甲海内 菏泽牡丹栽培明代就享有盛名。现有种植面积 15000 余亩,品种有 600 余个,是中国最大的牡丹观赏区。

江南也有好牡丹 安徽铜陵牡丹栽培有 1600 余年的历史,县志载有 50 多个品种,北宋时江南牡丹数量较洛阳多,后衰败。振兴江南牡丹实为当务之急。

安徽"银屏奇花" 后徽巢湖市银屏山仙人洞悬崖绝壁上残存一株"杨山牡丹",每年谷雨盛开,蔚为奇观:"笑他仙境红尘掩,峭壁犹开富贵花。"

西北"塞上明珠" 甘肃省为我国牡丹最重要的发祥地之一,全省有 50 余个县市种植牡丹,各地牡丹园数以千计,被誉为"塞上明珠"。

"延安牡丹光芒万丈" 延安万花山拥有珍稀野生牡丹及乡土特有品种牡丹3万余株,实为稀世之宝。

"太白神花" 陕西太白山区原始森林内的悬崖绝壁上残存紫斑牡丹。

"犹在深闺人未识" 在四川马尔康高原崇山峻岭之中,蕴藏外得着珍稀野生"四川牡丹"。

"苍山黄花分外香" 云南苍山海拔3000余米的地带有珍稀野生黄牡丹。

"玉龙碧雪" 在云南玉龙雪山山麓有大面积珍稀野生紫牡丹。

中国十大桃花园赏地

我国有许多因桃花而闻名的旅游胜地,不妨趁大好春光去游览一下:

桃花源:湖南桃花源县,以其神秘色彩,幽静环境和山川灵气而蜚声海内外。桃花盛开时,青山脚下,山溪岸边,百枝吐红,桃花遍野。

桃花江:发源于湖南桃江县西侧的城墙山"子良岩"下,长约百里。自古以来,桃花江就以"水清""花艳""人美"三绝而闻名天下。

南汇:上海南汇县是一处新开辟的桃花源,这里种植桃树3.5万亩。春天,大治河岸百里桃花争奇斗艳,多姿多彩。

龙华:上海南郊的龙华镇,自明朝以来,"三月三,龙华看桃花"已成为传统习俗,驰名江南。

西山:北京西郊植物园中数千株碧桃点染胭脂,如同彩霞。颇有"东风吹开花千树,占断春光唯此花"的气势。

安宁:一年一度的兰州安宁桃花会早已闻名遐尔。目前,安宁桃园已有几十万株桃花,品种在200种以上。

龙泉:成都市龙泉驿区镇,这里丘陵起伏,山道弯弯,繁花满山遍野,游客到此如步入仙境一般。

西湖:杭州西湖,早在唐代已广栽桃花。西湖两岸一株杨柳一株桃,桃树夹柳树,西子湖畔的红绿相间,花色娇美艳丽。

石马:广州白云区新市镇石马村,在近千亩沃野上,繁花满山,广州文艺界每年在这里举办赏桃雅集。有诗赞曰:“我歌石马风光好,岁岁桃花喜万家。”

庐山:暮春4月,江南一些地方的桃花已开始凋榭,只有庐山的桃花才刚刚盛开,站在花卉中的“景白亭”上,红雨纷纷,凝霞散锦,似红妆佳人舞春风,撩人心怀。

中国九大名关

天下第一关——山海关　位于河北秦皇岛市,这里为东北与华北咽喉重镇,自古为兵家必争之地,是万里长城的起点。明洪武十四年(1381年),大将徐达率兵将燕山长城伸延至此,建关设卫。关城高14米,厚7米,上有明代大书法家萧显所书“天下第一关”巨匾。山海关北临角山,南靠渤海,山青水秀,山海相依,关名由此而得。登关远眺,雄奇秀丽的山色与海景尽收眼底,有诗赞道:“彩霞映高楼,雄关添生机,朝观沧海日;夕看燕山雨。幼童竞登楼,父老话今昔。”

塞上雄关——嘉峪关　位于甘肃省嘉峪关市西、嘉峪山东南麓,是举世闻名的万里长城西端终点。建于1172年,是我国目前保存最完整的古迹之一。矗立于塞上戈壁滩,为“丝绸之路”的交通咽喉。

天险列峰连——居庸关　建于秦代,旧称军都关,蓟门关,位于北京昌平县西北部,控制着军都山隘道中枢,形势险要,是长城要口之一。此地有往昔著名的“燕京八景”之一的“居庸叠翠”,关沟中还有72景名胜。

内三关——紫荆关　位于河北易县柴荆岭。因周围长满紫荆树,由于得名紫荆关。它位于居庸关、倒马关之间,古代合称它们为“内三关”,是河北平原进入太行山要口之一。

万里长城第九关——娘子关　位于山西平定县东部,建于初唐,因高祖李渊的三女儿平阳公主曾率娘子军驻此,故名,此关当山西、河北两省要冲,形势险要,人称“万里长城第九关”。

三晋雄关——雁门关　位于山西代县北部一条峡谷内,因关两侧山峰陡峭,大雁到此难飞过,只好飞下峡谷从关前穿过,故名雁门关,是长城要口之一。这里是历代拱卫京都、屏护中原的兵家重地,春秋战国李牧驻此防卫匈奴,汉代飞将军李广曾在此令敌闻风丧胆,卫青、霍去病也在此抗击匈奴。杨六郎,杨门女将领宋兵与辽军曾征战于此。

兵家重地——平型关 位于山西繁峙县东北边境,邻接灵丘县,是长城要口之一,为晋北交通要冲,举世闻名平型关大捷就发生在这里。平型关遍山松柏,景色宜人,昔日的战场已成为游览胜地。

关中之关——武胜关 位于河南省信阳南部,为大别山口之一,历代兵家必争之地,人称"关中之关"。

中越要口——友谊关 一称大南关,在广西凭祥市西南,附近崇山峻岭,关藏深山谷中。明初置鸡陵关,清初改称镇南关,中法战争的镇南关大捷、孙中山领导的镇南起义,都发生于此。1953 年改名睦南关,1965 年改为友谊关,是中国通住越南的交通要口之一。

我国九大名楼

黄鹤楼 人称"天下第一楼"。故址在湖北省武汉市蛇山的黄鹤矶头。始建于三国吴黄武二年(公元233 年)。历代屡毁屡建。解放后建长江大桥时拆除,现已重建。

岳阳楼 湖南岳阳市西门城楼,高三层,下瞰洞庭湖,碧波万顷,遥看君山气象万千。素有"洞庭天下水,岳阳天下楼"之美誉。始建于唐开元四年(公元716 年),北宋岳阳郡守滕子京重修,以范仲淹曾作《岳阳楼记》著名。岳阳楼多次兴废,清光绪六年(公元 1880 年)重建,解放后整修一新。

烟雨楼 在浙江嘉兴县南湖湖心岛上,五代吴越钱元璙建。原在湖滨,明嘉靖二十八年(公元 1549 年)移于湖中小岛。四面临水,晨烟暮雨,风物清华,向称胜景。

镇海楼　(1)在浙江杭州吴山东麓,即吴越旧城之南门。初名朝天门,元改为拱北楼,明始改今名。登楼眺望钱塘江,历历在目;(2)故址在福建福州越五山(屏山)顶。明洪武二年(公元1369年)建,清乾隆六十年(1795年)重修,高约20米,过去海舶昏夜进口,都以此作为标志:(3)在广州越秀山上,建于明洪武十三年,楼高五层,故亦称"五层楼"。登楼远望,全市尽览。解放后重新整修,辟为博物馆。

鹤雀楼　亦名鹳鹊楼,在山西永济蒲州镇城西南,系北周(公元557—581年)大将宇文护守城时所建,元初圮毁,目前正在修复中。

太白楼　在马鞍山西南长江东岸翠螺山麓的采石矶上。唐元和中始建,宋、元、明、清屡毁于兵火,光绪重建。

大观楼　位于昆明滇池北岸,建于清康熙二十九年(公元1690年),后毁于战火,同治时重建。楼阁耸峙,绿树成荫,有揽胜阁、涌月亭、观稼堂及"蓬莱别境"等胜景,已辟为大观公园游览胜地。

甲秀楼　在贵阳南鳌头矶上,明万历兴建,清代屡有修建。

望江楼　位于成都东南的锦江南岸。附近有唐朝女诗人薛涛墓。已辟为望江公园。园内有崇丽阁、濯锦楼、吟诗楼等,均系清代所建,绚丽玲珑,具有江南园庭建筑特色。

中国七大古城墙

安徽寿县城墙　战国古都,地处淮河之滨,八公山之阳,古有寿阳、寿春之称。战国末朝(公元241年),楚考烈王迁都于此;西汉时为淮南王国都。以后历代这里多为州、府治所,留下了丰富的文化古迹。

湖北荆州城墙　即湖北江陵县城墙,三国蜀将关羽所筑,原为土城,南宋始建砖墙。元初拆除,明初又建,明末被毁,现城墙为清代(1446年)重建。

江苏南京城墙　公元1366年建,城垣内侧周长33公里,高14～21米,有垛口13616个,碉堡200个,城墙规模堪称世界第一。南京中华门原是南唐皇城正门,建于 917 年,明代扩建,呈长方形,宽为 90 米,长为 128 米,总面积为 11720 平方米,整个建筑雄伟壮观,是我国古代建筑史上的一个杰作。

陕西西安城墙 明初公元 14 世纪在唐代城墙的基础上建筑,平面呈长方形,周长 11.9 公里,高 12 米,上宽 12 ~ 14 米,下宽 15 ~ 18 米,是中国现存唯一完整的大型城垣。

辽宁兴城城墙 在辽宁兴城县城。整个城墙保存完好,保持明代建筑风格,整个城市像座明代博物馆。

山西平遥城墙 建于 1370 年,周长 6.3 公里,是山西历史最悠久、规模最大的一座县城城墙,是明朝(1368—1644 年)的形式和构造。

福建崇武城墙 崇武城在福建惠安县南 35 公里濒海尖岬上。宋元丰元年(1079 年)始建,明洪武二十年(1387 年)形成城墙,墙围 2456.7 米,城基宽 5 米,高 7 米,四方设门,上建门楼,是我国至今保存较完好的古代滨海石城之一。

中国六大名泉

天下第一泉——中冷泉,位于镇江金山寺。唐代号称"茶神"的陆羽,多识天下名山大川,品尝域中泉水 20 种,根据水质(清、活、轻)和水味(甘、冽)两条标准,评定了"天下六大名泉",中冷泉为"天下第一泉"。自古以来,中冷泉日夜流淌,澄澈醇厚,水质纯美,盛名不衰,此泉原位于长江的中心岛上,由于取泉水不容易,后来长江迁移,江滩扩大,此泉才与陆地相连接。

天下第二泉——惠山泉,位于无锡惠山第一峰白石坞下。目前亭壁上嵌着元代大书法家赵孟頫所书"天下第二泉"的石刻。惠山泉相传为唐大历年间无锡令敬澄开凿,因僧人惠照在此居住,故名惠山泉。此泉分上、中、下三池,泉水清淳,沏茶酿酒实属上乘。晚唐丞相李德裕令地方官运惠泉水送京师长安,唐代皮日休写《题惠山泉》诗讽之:"丞相长思煮茗时,都侯催发只忧迟;吴关去国三千里,莫笑杨妃爱荔枝。"安徽宗时,又把惠泉列为贡品。惠泉赏月，为唐代以来诗人所咏叹不绝，宋代苏东坡诗云："独携天上小团月，来试人间第二泉"。清代乾隆皇帝也赋诗云："惠泉惠麓东，水洞喷乳宝，江南称第二，盛名实能符。"正是这里山风流泉孕育中外闻名的乐曲——当代民间艺人瞎子阿炳的《二泉映月》，使得二泉赏月成为冠绝天下的一大胜景。

天下第三泉——观音泉，位于苏州虎丘山观音殿后，陆羽与唐诗人卢仝评它为"天下第三泉。"此泉周围是景致宜人的院子，杨柳依依，花木繁茂，园门横楣上刻有"第三泉"三字，每年吸引大量游人前来游览。

天下第四泉——虎跑泉，位于杭州西湖和钱塘江之间群山中的大慈山下。传说唐元和十四年(819 年)，高僧寰中住在这儿，苦于无水。有一天，有"二虎跑地作穴"，泉水涌出，故名"虎跑泉"。此泉清冽甘芳，与西湖龙井茶号称"双绝"。故游人络绎不绝。陆羽评它为"天下第四泉"，宋代苏东坡有诗赞此泉："道人不惜阶前水，借与匏尊自在尝。"

天下第五泉——杨州平山堂"欧阳修读书处"附近的大明寺中西花园里的一口清泉，陆羽把它评为"天下第五泉"。宋代欧阳修《大明寺泉水记》赞此泉："为水之美也。"如今，五泉附近建有"五泉茶社"，游人莫不以为品尝五泉水泡茶为乐。

天下第六泉——招隐泉，位于江西庐山观音桥东，泉水叮咚，终年不竭，晶莹如玉，质纯味美，唐代陆羽评它为"天下第六泉"。泉井上有一石头和木房，以保护泉水清洁。

中国的五大响沙

银肯响沙：位于内蒙古库布齐沙漠中段的响沙湾，沙丘高达 60 多米，游人若从沙丘顶坐着往下滑，会发出汽车马达轰鸣般的声响，如果用手棒沙子，还会听到像青蛙那样的"呱"的一声叫。

沙坡头响沙：位于宁夏中卫西，沙丘高近百米，下面是滔滔奔涌的黄河，旁边还有包兰铁路经过，风光旖旎。游人从沙丘顶上下滑，所发出的响声似钟声般悠扬宏亮，因而有"沙坡鸣钟"之说。

敦煌鸣沙:在甘肃敦城南著名的月牙泉边,有一座举世闻名的沙山,因风吹沙会鸣,故名鸣沙山。游人从高处下滑,仿佛在欣赏一曲美妙的音乐,乐音十分丰富,古有“沙岭晴鸣”的美称。

巴里坤响沙:位于新疆巴里坤草原上,沙山似绿色海洋中的一座金色的小岛,游人从山顶下滑,发出的响声随人们下滑的姿式、速度的不同多有变化,奇妙无比。

艾森库木响沙:位于新疆木垒哈萨克自治县境内,由五座沙山组成,是我国五大响沙中唯一的沙山群。当人们将手脚插入绵软的沙中时,能听到蛙鼓的声音。如果从山顶下滑,能听到像飞机掠过天空那样低沉而悠长的轰鸣。

我国四大铜殿

武当山铜殿——位于湖北省丹江口市境内武当山天柱峰顶,建于明永乐十四年,是四大铜殿中建置最早的一座。铜殿高 5.54 米,宽 4.4 米,重约 400 吨。殿身仿木结构,铜铸鎏金,所供真武帝君像及几案,供器等物亦均由铜铸,工艺精奇。

鸣凤山铜殿——位于云南省昆明市东北郊的鸣凤山,又称铜瓦寺,明万历三十年仿武当山真武铜殿而建,后于崇祯年间移往云南宾川县鸡足山,现已不存。

现鸣凤山铜殿系清康熙十年仿铸。殿身高 6.7 米,宽 6.2 米,约重 200 吨。

五台山铜殿——位于山西省五台山显通寺内。明万历三十六年建置,外观两层,实际单层,高 8 米,重达 500 吨,是我国现存最大的一座铜殿。殿内铸一尊大铜佛像及万尊小佛像,工艺精湛。殿南原有五座钢塔,为国内罕见,现仅存其二。

万寿山铜殿——位于北京颐和园内,名叫宝云阁,因外观如亭状,俗称铜亭。建于清乾隆二十年,仿木结构,歇山重檐。花纹采用传统工艺拨蜡法制作,绚丽精美。殿高 7.55 米,重 207 吨,殿内原有铜佛像、供器等物，可惜已被帝国主义者掠夺殆尽。

除了上述的四大铜殿外，泰山岱庙的后院现存一座铜亭，又称金阙，铸于明万历四十三年，长4.4米，宽3.4米，也是我国现存较大的古代铜铸建筑。

我国“四大名屿”

屿，是指江河湖海中四面环水的小岛。我国河流众多，海域广阔，大小岛屿不计其数，其中鼓浪屿、东门屿、江心屿、兰屿极负盛名，并称“四大名屿。”

鼓浪屿　在福建厦门市西，中隔700多米的厦鼓海峡。全屿面积1.84平方公里，怪石嵯峨，迭成洞壑，洞内海风扑面，涛声如雷。屿上树木葱郁，四季常青，亭台楼阁，掩映错落，海滨浴场沙滩处处可见。由于屿上没有任何车辆，因此清静宁和，环境极佳。

东门屿　在福建东山县东南海上，是东山诸岛中最著名的一个岛屿。东门屿面积近1平方公里，形成“工”字，以礁石奇异、洞泉清冽、古迹众多而闻名于世。在屿上观海，只见“乱石穿空，惊涛拍岸，卷起千堆雪”，令人叹为观止。

江心屿　在浙江温州市瓯江中心，面积原为60亩，近年扩为107亩。屿上有双峰对峙，两山头各立一塔，东塔建于唐代，西塔于北宋，双峰之间有始建于唐代的江心寺，云水环绕，古木参天。

兰屿　在台湾台东县东南太平洋上，是台湾第二大属岛，满潮面积46平方千米，最高点芳兰峰海拔548米，沿岸多珊瑚礁，气候高温潮温，为台湾最具热带特色的地区。屿上天然林木繁茂，盛产各种兰类植物，蝴蝶兰尤负盛名。

我国四大剑池

我国早在2000多年的春秋战国时代，铸剑技术就已经十分精湛，曾留下了四大“剑池”遗址。

浙江是古越国的所在地，位于莫干山上的剑池遗址，是四大剑池中最负盛名的一口。相传春秋时代，铸剑名匠干将与莫邪夫妻俩，为吴王阖闾在此制造宝剑，如今池水仍然清澈，池旁的山峰上飞瀑悬空，直泻而下。

江苏的剑池在苏州虎丘山下，池呈长方形，深二丈，山崖如削，清泉流注。据史书记载，吴王阖闾征调民工10万人，挖土凿池，历时3年，然后在池下建造一座“水底陵墓”。因阖闾十分爱剑，下葬时以“专诸”“鱼肠”等宝剑3000多支作为殉葬品，故此池称为“剑池”。1955年夏天，疏浚剑池时，在池旁山奎悬壁处发现明代唐伯虎等人的记事刻石，叙述明代正德六年（1511年）冬天，因剑池水涸，发现吴王墓门，这个发现与史书记载相符。

福建的剑池在福州市鼓屏路东侧，今省财政厅院内。相传春秋时铸剑名匠欧冶子曾在此铸剑，因而又名“欧冶池”。据《吴越春秋》载：“越王允常聘欧冶子作名剑5枚，传数世无疆，国灭于楚，乃徙居闽。又数世至无诸，乃复封王，或冶剑于山，淬火于池，故皆以冶名。”所以剑池旁的小山名“冶山”。宋代黄裳《欧冶池》诗：“人随楚电几回见，剑逐风雷何处寻？唯有冶山池尚在，夜来明月古犹今。”如今剑池古迹保存完好。

江西的剑池在丰城县。相传晋代丰城县令雷焕修建牢狱时，挖获“干将”“莫邪”一对宝剑，挖剑之地形成一池，故而得名剑池。

我国四大石林

四川兴文石林　位于四川省兴文县城以南30公里处。在方圆十余公里的范围内，地上地下，溶岩石林，突兀参差，如笋散布。每根石林高约1～2米，峥嵘散布，状如波澜。林区内有一面积约6万平方米的巨型溶洞，洞内钟乳石密布，堪称奇观。

云南路南石林　位于云南省路南彝族自治县内，是我国最大的石林，石林总面积约有40余万亩，石林中最著名的名石有剑峰、莲花峰、狮子峰、五老峰、万年灵芝峰、书生赶考峰、阿诗玛峰等。

浙江淳安石林 位于浙江省淳安县的千岛湖西南湖区。林区奇岩林立，怪石嶙峋，与云南省路南石林景致相差无几。其中狮子林、石林古城、石林花园、书刺石林、狮象峰等，都是中华石林中的绝品。

福建大湖石林 位于福建省永安市的西北 13 公里处。石林蔓延数公里的范围，依山置布，层层叠叠，呈阶梯状，次第而上。巨石构形中有的如人形、有的如奔兽、有的如海底动物、有的如神话造型，千姿百态，蔚为壮观。

中国四大碑林

历史上，陕西西安碑林、山东曲阜孔庙碑林、台湾高雄南门碑林、四川西昌地震碑林被称为中国四大碑林。

陕西西安碑林 现存碑石 1700 多块，荟萃了各代名家手笔，汉魏及唐代著名书法家的碑石大多数集中于此，其中由 114 块石碑组成的《开成石经》，则是一座大型石质书库。

山东曲阜孔庙碑林 集碑碣 2000 多块，其数量居历史碑林之首。碑石大者逾丈、小者不过盈尺，其中两千年前的孔庙、史晨、乙瑛、礼器等四块汉碑是闻名中外的碑石珍品。

台湾高雄市南门碑林 集碑石 1000 多块，碑刻书法浑厚谨严，气势磅礴，是书法艺术上的珍品。

四川西昌市地震碑林 有碑石 100 余块，记载西昌、冕宁、宁南等地历史上发生地震的资料。明、清时，西昌地区发生过三次大地震，碑石对其均有详细记载，可以弥补历史文献的不足，是研究地震史的珍贵资料。

中国四大清真寺

西安化觉巷清真寺　位于西安市城区西大街化觉巷内(鼓楼西北),占地面积12000平方米,建筑面积4000多平方米,始建于唐玄宗天宝元年(公元742年),是中国建筑规模最大、历史最悠久、文物价值最大的中式宗教建筑,为中国第一清真大寺。从唐代始建以来,历经宋、元、明、清沿衍和扩建形成今日规模。主体建筑礼拜殿可容1000多人礼拜。

北京牛街清真寺　又叫礼拜寺,位于广安门内的牛街,是北京规模最大历史最久的清真寺。

宁夏同心清真大寺　位于宁夏同心县旧城内,相传始建于明万历年间,乾隆二十五年和光绪三十三年曾两次重修。寺前有一座仿木结构的砖砌照壁,嵌有大幅砖雕面,甚为精美。进门后有高10米面积达3500平方米基台一座。台上建有礼拜殿、宣礼楼、阿訇住房等。

新疆艾尕清真寺　位于喀什市艾尕广场,是新疆最大的一座纯伊斯兰建筑风格的清真寺。相传始建于清代嘉庆三年(公元1798年),历经修葺和扩建,至清道光十八年(公元1838年)完成,形成如今的规模。占地约15亩,高大的寺门与四周短墙相连,门两侧有两座高达十多米的塔楼,米黄色的砖面上绘有白色花纹和砖缝,给人以雄伟壮丽、庄严肃穆之感。大门内为八角形门厅,有左右两个甬道可进入寺内。前有水池一座,四周松柏竞秀,白杨参天,幽雅清静。礼拜殿分为内外两殿,可同时容纳六七千穆斯林作礼拜,十分壮观。

我国四大回音建筑

石磴琴声:位于四川省潼南县境内,在涪江岸边,有36级石梯,似一把巨大的石琴,每个阶梯,犹如一根琴弦,只要有脚踏上石磴,拾级而上,脚下便会响起美妙悦耳的琴声。

天坛音壁:即北京天坛的回音壁。由于内侧墙面平整光洁,使外来音乐沿内弧传远，久久回荡。

莺莺宝塔：即山西普救寺塔，又称舍利音塔。在永济县西北普救寺内。塔身呈方形，有 13 层，高 50 米许。登塔者，用石投地，回声即起。投前地，则声在塔底；投后地，则声在塔顶。

蛤蟆音塔：在河南省郑县城内，建于清康熙年间。塔身不高，游人若以掌击塔，塔内会发出"咯咯……"的鸣声，如有千万只哈蟆鼓膜低唱，妙不可言。

中国三大土林

位于云南元谋的土林，游人从远处望去，像城堡、宫殿以及各种动物。这些土林是由沙土、砾石经几百万年的胶结、雨淋、风蚀形成的，漫步其间，酷似世界著名的古建筑景观一一展现在眼前。如古希腊神庙的遗址，巴黎圣母院的钟楼，缅甸的佛塔等，应有尽有。至于一些酷似人形的景致如"古堡美人""赶集母女"等，形象逼真，令人叫绝。除了形象逼真，元谋土林的色彩也相当丰富，自然形成的红、黄、黑白等色彩分缀于景观中，如"古堡美人"，头发乌黑，脸蛋泛红，衣裙黄中透白，奇妙无比。

位于四川西昌之南的土林，立于山顶沟壑间，似笋如柱者有之，但大多数酷似古代兵器，如吕布的方天画戟、关羽的青龙偃月刀、张飞的丈八蛇矛等，任凭游人想象。土林中"古堡建筑"也不少，深宫参差罗列，曲径通幽。至于一些似人物的景致，如"五女拜寿""仙女望月"等，也都惟妙惟肖，土林中最迷人的是"金色森林"，群峰高低参差，粗细各异，堪称天下奇观。

位于吉林乾安的土林，分布在大布苏湖东岸。漫步土林，奇异壮丽的景观扑面而来，令人目不暇接。置身其间，但见一根根金黄色的土柱傲然挺立，似石雕，如泥塑，一柱一姿，一根一态，有的像人卓立，有的像树干挺拔，有的形如龙跃。在形似古建筑的景观中，有的一层高过一层，俨然西藏拉萨的布达拉宫。这一自然景观集奇、险、幽、绝于一体,令人流连忘返。

旅游胜地之“特”

中国有十座峨眉山

四川峨眉山　该山位于四川省峨眉县,为我国四大佛教名山之一。自古以来,享有“峨眉天下秀”之美称。主峰海拔 3099 米,为我国峨眉山之首。该山主要庙宇、风景为报国寺、万年寺、优虎寺、洗象池等十余处。

杭州峨眉山　杭州西湖附近有座吴山,该山海拔百余米,古迹甚多,是有名的旅游胜地。组成吴山的有十余座山峰,其中有一座亦称峨眉山。

重庆峨眉山　该山位于重庆西北 60 公里处,海拔 1030 米,山峰秀奇,古树参天,郁郁葱葱,是避暑胜地,使游人恍然有置身峨眉之感,故又称“小峨眉”。

山东博山县峨眉山　是一座盛产黄金的山岗,取名峨眉山。

福建归化县峨眉山　该山在归化县城北,群峰环绕。该山巍峨陡峭,正对着县城北大门,形似钩月,取名峨眉山。

福建泰宁峨眉山　在泰宁县西北 25 公里处,此山状如四川峨眉,故名峨眉山。

广西崇善峨眉山　该山在崇善县东三里处,层峦叠嶂,高耸云端,称为崇善峨眉山。

浙江云和峨眉山　云和县北有一山,群峰灵秀葱郁,溪水淙淙,被人称为峨眉山。

河南郏县峨眉山　在郏县西北。相传苏东坡曾登临山游览,因感其类似四川娥眉,故命名小峨眉山。

安徽和县峨眉山　在安徽和县西北,有道蜿蜒曲折的山峦,叫作峨眉山。

我国的四尊特别卧佛

近年来,人们精选出的世界 10 尊特大佛像,我国独占其中八尊,并以身高 71 米的四川乐山大佛为首。不过,这统计的只是坐像,卧佛则不包括在内,若谈卧佛,最具特色的有如下四尊:

一、最大的木胎泥塑卧佛,在甘肃省张掖市宏仁寺,这尊释迦牟尼涅槃像全长 34.5 米,肩宽 7.5 米,耳长 2 米,金装彩绘,势态自然,它睡眼朦胧,面部表情安详。虽如此巨大,身体各部分比例却匀称适度。

二、最大的铜质卧佛,在北京市泰安山十方普觉寺。它长 5 米余,右于支颐,左臂有伸。侧卧于婆罗树下,表现了释迦牟尼涅槃向弟子嘱咐后情景。卧佛造型深朴精致,体现了元代铸造技术和雕塑艺术的高度成就,铸此佛据称用精铜 50 万斤。

三、最大的白玉卧佛,在福建省福州西郊西禅寺内,这尊白玉雕成的卧佛从缅甸迎回,光洁细腻,刀法流畅,长 3.7 米,重达 10 吨。

四、唯一的向左侧卧佛。所有的卧佛,无论大小,都向右侧卧,便四川省安岳县八庙场卧佛沟却有一尊背北面南,向左侧卧的释迦牟尼涅槃像。据后世猜测,可能是由于地形条件的原因,它依崖凿成,风格别致,长 23 米,曲眉合眼,神态安详,头东脚西,赤足双并,向左而眠,至今已 1200 余年。

世界上唯一的水下皇陵——明祖陵

世界上的皇陵都在陆地,唯独我国有座水下皇陵——明祖陵。明祖陵是明代开国皇帝朱元璋为其祖父朱初一、曾祖朱四九和高祖朱百六修建的衣冠陵墓,位于江苏省盱眙县境内。公元 1680 年,明祖陵在一场特大洪水中沉入洪泽湖底，从此成了世界上独有的一座“水下皇陵”。

明祖陵被淹入湖中之后，许多人都曾探找过，但均无结果，300年来一直是个难解之谜。1966年，洪泽湖遇到了少见的大旱。人们在水中发现了一批大型石刻，考古工作者赶到现场考察后，确定了明祖陵的确切位置。从1979年起，国家有关部门多次拨款对明祖陵进行抢救性修建。首先修筑了一条长2700米的围堤，把明祖陵从洪泽湖中隔离了出来，接着排去围堤内的湖水，使这座“水下皇陵”露出了真颜。

明祖陵的正殿和其他建筑均已倒塌，但从已出土的32个大型石柱础可以想象出当时正殿的宏伟景观。使许多游人感兴趣的是，葬者的衣冠墓——宝城，目前仍在水中，但不是湖水之中而是在一个面积仅20多平方米的水塘中。游人从水面向下看，可以看到砖砌门券和石门。但这个水塘的水抽多少涌多少，令人百思不得其解。一些考古学家指出，明祖陵的宝城一直沉淹水中，长期与空气隔绝，其中文物有可能得以完整地保留下来。

我国著名火山旅游区

五大连池火山群　位于黑龙江省北部北安市西北70公里的五大连池市境内。这个火山区包括14座火山，5个串珠状的火山堰塞湖，大片的玄武岩熔岩流，总面积达600多平方公里。人们称这个火山群为“天然火山博物馆”。

伊通火山群　位于吉林省伊通县境内，离长春市仅60公里。它主要由7座火山组成，类似天上的北斗七星，有人称为“七星落地”。这7座火山是东尖山、西尖山、大孤山、小孤山、马鞍山、莫里青山、尖山子。

白塘古火山口　在福建省龙海县港尾乡白塘村，离厦门市不远。这个火山口内的玄武岩石柱可以与著名的北爱尔兰“巨春堤”相媲美。更为奇特的是火山口注满了碧清的海水，在涨潮和退潮时呈现出不同的景色。

女山　位于安徽省嘉山县女山湖畔。这也是一个很典型的古火山，火山口，熔岩露头依稀可辨。女山又称玉环山。因其形状很像指环而得名。

龙岗火山群 位于吉林省靖宇县和辉南县境内，由72座火山组成，是我国有名的火山群。其中有两个著名火口湖，一个是四海龙湾，另一个是龙泉北湾。

达里火山群 在内蒙古昭乌达盟北部的达里诺尔湖畔。这是由56座火山组成的火山群，其外形为锥形的山峰，屹立在草原之上。

火山口湖——天池 位于吉林省长白山的主峰白头山的顶部。它是我国最大的火山口湖。

马鞍山火山群 位于海南省海口市西南方向20公里的琼山县石山村境内。这里有火山锥16个，或三五成群，或单峰独秀，像一座座"碉堡"屹立于熔岩台地之上，雄伟壮观。

大同火山群 位于山西省大同市以东的桑干河谷盆地中，有死火山近20个，是我国东部有名的火山群。

华夏著名古钓鱼台

姜太公钓鱼台：在河北省南皮县城西5公里处，相传是姜太公垂钓处。

庄子钓鱼台：在山东鄄城县，建有庄子祠，有碑记。

秦始皇钓鱼台：在山东荣成市成山头。据《史记》记载：秦始皇、汉武帝曾巡游垂钓于此。

韩信钓鱼台：在江苏淮阴县城西，是西汉淮阴侯韩信垂钓处。

孙权钓鱼台：在湖北武昌西北江边，相传东吴孙权观鱼垂钓于此。史称"钓台移柳"。

李白钓鱼台：在安徽黟县城南寻阳，唐代大诗人李白曾在此垂钓。

宜兴钓鱼台：在江苏宜兴市境内，是南北朝著名文学家任昉垂钓处。

大冶钓鱼台：在湖北大冶市东道士洑，是唐代高士张志和垂钓处。

玉镜潭钓鱼台：在安徽贵池县东北，是南朝以编《文选》闻名于世的梁照明太子垂钓处。

瘦西湖钓鱼台:在江苏杨州瘦西湖小金山之西,清乾隆皇帝巡游杨州时曾垂钓于此。

镜泊湖钓鱼台:在黑龙江宁安县渤海镇西南9公里处,是唐代所属渤海国鞅鬝贵垂钓处。20世纪60年代初贺龙元帅曾来此垂钓,并把价值百多元的钓鱼竿亲手赠给当地渔民,一直传为佳话。

北京钓鱼台:在北京阜城门外三里河,相传是金章宗完颜觐垂钓处。清乾隆皇帝题有"钓鱼台"匾额,现为国宾馆。

中国著名瀑布

黄果树瀑布　位于贵州镇宁布依族苗族自治县西南15公里的白水河上。瀑布宽81米,从66.8米的县崖之巅跌落,凭高作浪,发出轰然巨响,云垂烟接,万练倒悬,细似珠帘,粗若冰柱,联贯络绎,倾入犀牛潭中。明代地理学家徐霞客称赞此瀑布之"阔而大",为全国第一,而其雄厉之势,则有"所谓珠帘钩不卷,飞练挂遥峰,俱不足以拟其状"。

黄河壶口瀑布　位于山西省吉县城西南25公里与陕西省交界的黄河之中。此地两岸夹山,河底石岩上冲刷成一巨沟,宽达30米,深约50米,滚滚黄河奔流至此,倒悬倾注,波浪翻滚,形若巨壶沸腾,震声数里可闻。春秋季节水清之时,阳光直射,彩虹随波飞舞,景色奇丽。

长白山瀑布　位于吉林省东南中朝边境的白头山天池一缺口处。是我国海拔最高的大瀑布。它宽5米,高68米,如白练悬天,凌空而下。封冻季节,天池水仍能以潜流形式流出,一眼望去,好似"银河落下千堆雪,瀑布飞起万缕烟"。

大龙湫瀑布　位于浙江省乐清市雁荡山,瀑布高约190米,由于峭壁向内凹进,瀑布不是贴石壁飞流,而是悬空坠落。瀑布的姿态随流量大小而变幻，时而磅礴奔腾，时而如一条白绢轻柔飘荡。

冰壶洞瀑布　位于浙江省金华市北15公里的冰壶洞内。是国内外罕见的溶洞大瀑布。瀑布从洞顶石隙中悬空倾泻，形成宽阔的孤线，一抛而下，落差约20米。瀑底无潭，原来潺水从沿中的地下河潜流四散了。

九龙瀑　位于安徽省黄山，名列黄山诸瀑之首。它源于天都、玉屏、炼丹、仙掌诸峰，出函相源，悬在千仞青壁之上，飞流九折而下，一折一潭，故名九龙瀑。大雨之后，飞瀑宛如九条白龙，腾空起舞，极为乐观。

三叠泉瀑布　位于江西省庐山。瀑布依山势分上、中、下三叠，落差约120米。瀑流凌空飞泻，落于大磐石上，声若洪钟，经两次折迭散而复聚，再曲街回绕直泻龙潭。其状"飘者召雪，断者如雾，缀者如旒，挂者如帘。"若近前观看，则雷霆万钧，气势磅礴，自古有"匡庐瀑布誉满天下"之说。

诺日朗瀑布　位于四川省九寨沟。瀑布宽140米，高20余米。瀑布呈多级下跌，崖壁上长满繁茂青翠的树木，瀑水从林间穿流下泻，形成罕见的"森林瀑布"奇观。

吊水楼瀑布　位于黑龙江省宁安县西南约50公里的牡丹江上。很久很久以前，火山爆发喷出的岩流壅塞牡丹江河床形成了我国最大的堰塞湖——镜泊湖。湖水从两个出口溢出，形成了高约20余米、宽约40余米的两挂瀑布。当地群众称之为"吊水楼"。

彩虹瀑布　位于我国台湾省。瀑布十分壮观，瀑底有一深潭，澄碧可爱。潭前有一块平台，游人可站在平台上观赏。中午时分，阳光照射，映出一道道美丽的采虹，故名"彩虹瀑布"。

中国著名古桥

逢山开路，遇水搭桥。桥除执行其跨江越川通途功能外，其形或弯如新月，或古朴典雅，或精巧玲珑，或雄伟壮观……其丰姿为山水平添了秀色美景，因而构成了旅游人文景观中重要的一环。

十七孔桥和玉带桥　北京颐和园诸桥中之佼佼者。十七孔桥长150

米，为颐和园内最长的石桥，由 17 个孔券组成。若长桥卧波于昆明湖上，飞跨湖东堤和湖中最大岛南湖岛。桥造型优美，汉白玉桥栏望柱上精雕有 544 只神态各异的狮子。

玉带桥是园内西堤六桥中唯一的一座拱券石桥。桥身、桥栏分别采用青白石和汉玉砌筑，洁白如玉，故名。其高而薄的椭圆形桥拱和双向反弯形流畅挺拔的曲线桥面，如银波之逐于碧水中。

苏堤六桥　苏堤建于北宋苏轼任杭州知府时，是杭州西湖中一条贯穿南北景区的林荫大道。堤上自南至北有映波、锁澜……跨虹共六座石拱桥。

漫步苏堤六桥，青山绿水，柳丝拂面，鸟语花香，赏心悦目。“苏堤春晓”或“六桥烟柳”向居“西湖十景”之首。

五亭桥　建于清乾隆年间，位于杨州瘦西湖北畔莲花埂上。中心及四翼各置一亭，亭与亭间用廊连接，是一座纤巧玲珑的亭廊式画桥。桥由 15 个大小不同的孔券洞联成，洞孔彼此相连。从里向外看，每个洞外都呈现一幅不同的图景。

宝带桥　始建于唐。桥总长 317 米，由 53 个半圆形孔券联缀而成，横跨于苏州吴县长桥乡澹台湖口玳玳河上。桥形若玉带，是江苏最长、也是国内著名的古长桥。

芦沟桥　始建于金。桥横跨于北京西南部永定河上，为北京现存最古老的石造联拱桥。芦沟桥全长 260 米，下有 11 个桥拱。桥身两侧石雕护栏的望柱柱头上，均雕有神态各异的大小石狮，有的大石狮身上还雕有许多小石狮。因而北京素有“芦沟桥的狮子——数不清”的谚语。桥东立有乾隆手书、金章宗题的“芦沟晓月”碑。

安济桥　俗称赵州桥。建于隋，为名匠李春监造，横跨于河北赵县洨河之上。赵州桥是我国历史最久，跨度最大的单孔敞肩式石拱桥，空灵而稳坚，寓秀美于雄伟之中，这在我国、甚至在世界建桥史上均占有一席要位。

晋祠鱼沼飞梁　鱼沼是山西太原晋水三泉之一，沼上架桥曰飞梁。桥建于北宋，平面呈十字形，造型犹如一只展翅的大鸟。为我国桥梁建筑中所罕见。

广西三江程阳风雨桥　建于1916年。桥长76米，架于五座青石桥墩上。第个桥墩上各建形式不一的亭阁一座，亭阁间连以长廊，构成一条风雨无阻的长廊式走道桥面。桥全用大木凿榫接合，结构严谨，造型优美，荟萃了侗族建筑艺术之精巧绝技。

潮州广齐桥　始建于南宋。桥全长570米，横跨于韩江上。桥分东、西、中三段，东、西段共24个桥墩，均用花岗石块卯榫砌成；中段因水流湍急不能造墩架梁，用18艘船连成浮桥，为世界上第一座启闭式桥梁。昔时桥上楼林立，商贾云集，有“桥市”之称。1958年拆除浮桥改为直通桥。

泉州洛阳桥　建于北宋。桥长1.2公里，横跨洛阳江上。洛阳桥是我国著名的梁架式古石桥，也是我国古代第一座海港大石桥。桥上有石雕扶栏、石亭、石塔等胜迹。

晋江安平桥　建于南宋。桥长2公里余，横跨晋江之上。安平桥为中古时代世界上最长之梁式石桥，有“天下无桥长此桥”之说。

我国的“数字”风景名胜

一线天　我国著名的“一线天”共有三处。最长、最险、最奇、最幽的还属福建武夷山的“一线天”，另外还有黄山玉屏楼旁的“一线天”、苏州天平山上的“一线天”。河南省林州市红旗渠旁岩壁的“一线天”虽不出名，但也极富情趣。

二七塔　位于郑州市二七广场，是为了纪念“二七”大罢工而建的。

三笑处　位于泰山晋照寺外坡道外。相传，有三位老寿星在此相叙，谈论长寿养生之道，而他们的年龄恰恰都是99岁，其中一位老者便说：“老婆长得丑，活到九十九。”说完，三位大笑起来，此处因此得名。

四声谷　位于江西弋阳圭峰山。游人在“四声谷”高喊，声音回荡四周，且洪亮悠远。

五人墓　在苏州虎丘青山桥畔，是

为了纪念明代民众在抗暴斗争中捐躯的五位义士而修建的墓地。

六尺巷 位于安徽省洞城县境内,关于六尺港,历史上还有一段佳话。清朝康熙年间,宰相张英与邻居互让地基,于是商定各后退三尺筑墙,成为六尺港。

七星岩 位于广东肇庆星湖中,这里峰岩排列位置极其类似北斗七星,故得名。

八大关 它是青岛有名的疗养区和游览区,景区内有山海关、正阳关、嘉峪关、武胜关、紫荆关、宁武关、居庸关和韶关等小景点,称八大关。

九寨沟 位于四川南坪县境内,在纵深20余公里谷地,因有九个藏族村寨而得名。

十笏园 在山东潍坊市,有一个园名为"十笏",这个园仅有十个笏板大小。

以诗词诗句命名的景观

"一览亭" 在安徽芜湖市赭山山顶。它就是取唐代大诗人杜甫"当会凌绝顶,一览众山小"的诗意而命名。

"爱晚亭" 在湖南长沙岳麓山清风峡的小山上,四周皆枫林。它是取唐代牧诗"停车坐爱枫林晚,霜叶红于二月花"的诗意而命名的。

"万里桥" 在四川成都锦江上,三国时,蜀费出使吴国,诸葛亭在此地为他饯行。费祎感叹地说:"万里之行,始于此桥。"桥由此得名。

"杏花村" 在山西汾阳县城北15里处。它是取唐代杜牧诗:"借问酒家何处有?牧童遥指杏花村"的诗句而得名的。

中国同名名胜

桃花源 一在湖南桃源,一在江西庐山之南。桃源县的桃花源久负盛名,庐山桃花源系陶潜故居及墓地所在。

杏花村 一在山西汾阳县,一在安徽贵池。两处杏花村均产名酒。

七星岩 一在广西桂林，一在广东肇庆。两处七星岩均以山秀水美而闻名。

石钟山 一在江西湖口县，因水浪击石，声如钟鸣而得名，苏轼游此作《石钟山记》，因而声名远播，一在云南剑川县沙溪，此处石钟山以石窟造像等闻名。

北山 一在吉林长春市郊，此山多胜迹；一在浙江金华，此山多岩洞。

鉴湖 一在浙江绍兴，又叫镜湖、长湖、庆湖，因湖水用以酿造"绍兴黄酒"而著名；一在新疆乌鲁木齐，此湖水平如镜，周围景色宜人。

镇海楼 有三处，分别在广州越秀山、福州越王山、杭州吴山。三座山上各有镇海楼，虽同名，且高大雄伟，但形态各异。

昭陵 一在沈阳，即北陵，是清初皇太极和皇后的陵寝；一在陕西礼泉县九峻山，是唐太宗的陵寝。

武侯祠 一在四川成都，是蜀汉的帝都；一在湖北襄阳隆中，是诸葛亭隐居处。

大陆和台湾的同名景观

半屏山 位于福建沿海，民谣有"半屏山，半屏山，一半在大陆，一半在台湾"之说。台湾的半屏山在高雄市区北郊，为旅游胜地。

妈祖庙 最早建在福建莆田湄州岛上，北宋年间为祀海神林默而建。与之同名的是台湾云林北港镇的妈祖庙。

故宫博物院 即北京故宫。与之同名的是位于台北的故宫博物馆，收藏有从北京故宫博物院运走的部分文物珍品。

天池 在长白山主峰白头山顶，火山口汇泉名曰天池。与之同名的台湾天池，又称大屯火山，火山口雨季积水成湖。

天元寺 在福建泉州。与之同名的台南开元寺，原为郑成功之子郑经为母亲董太妃颐养天年而建，主要建筑亦有大雄宝殿。寺内还有郑成功遗物。

定军山 在陕西勉县城南。与之同名的台湾旧彰化县城东的"定军山”,又名“八卦山”,曾是台湾人民抗击日本侵略者的战场。

观音山 在江苏杨州瘦西湖畔。与之同名的是台北县境的“观音山”,因山峰如菩萨端坐,故有“观音”之名。

石门 在广州西北小北江与流溪河的汇合处,与之同名的台北富贵角东的“石门”,由火山集块构成。

兴隆山 在甘肃榆中县城西南。与之同名的台湾“兴隆山”,在岛中部的大安溪和大甲溪源头分水岭上。

碧云寺 在北京海淀香山东麓。与之同名的台湾“碧云寺”在台南枕头山。其中“龙喉风烟”为一怪石,每每吐出烟云。

龙山寺 在福建晋江安海镇。与之同名的台北“龙山寺”创建于清乾隆年间,所供主神观音佛祖,亦称安海观音。

中国旅游新去处

江苏——紫金山山顶游 南京紫金山山顶旅游线全部游程约需2小时,包括头陀岭景区和水慕庐景区两大部分。头陀岭景区位于海拔408米的紫金山二峰顶,现已恢复和新建的景观有名臣避难之所“刘基洞”,六朝奇石之一“弹琴石”以及白云亭、乌龙潭等10余处;位于头陀岭景区东侧的永慕庐景区,则以孙中山先生家属守灵用的“永慕庐”及孙科议政休憩所建的“议政亭”为中心,周围还有南北朝至清末留下的应潮井、名僧塔林等名胜古迹近10处。

四川——大型海洋水族馆在成都落成 一个占地2400平方米,建筑面积达4300平方米,目前我国国内面积最大、规模最大、展示内容最多、最新颖的海洋水族馆将在民都落成。它位于成都新华公园内的双林湖畔。馆内设珍宝馆、精品馆、两栖馆。在这些馆中,既有海域生物的活样品,又有旅游通晓世界海洋奥秘的图片、影视。游客可通过该馆新建成的目前国内最长的水下参观隧道进行参观,形成人鱼共游、同闯海洋的壮丽景观。

湖北——横跨长江乘索道 万里长江上第一条跨江旅游索道,最近在湖北宜昌市建成运行。这条索道全长666米，距江面最小落差35米。它位于长江三峡西陵峡口风景名胜区，与闻名三峡洞相邻，与著名的葛州坝水利枢纽水面相距1.5公里，天气晴朗时可一览其壮观。它是全国最大的单跨索道，12个轿厢一次可载游客72位。索道将白马洞、龙泉洞、桃花村等近10处景点连为一体，形成一个完整的景点群落。

陕西——骊山再现秦唐轶事 继表现秦唐文化的西游记宫之后，陕西临潼骊山又投资1000多万元建起一座占地一公顷的秦唐宫。它有23个场景和展厅，其中有“开天辟地造骊山”“千古一帝秦始皇”“盛唐轶事话风流”三大部门，内设“女娲补天”“远古森林历险”“千金买笑”“风流长生殿”和“秦琼救驾”等，涉及史前和周、秦、汉、唐12个封建王朝的235个历史人物，表现骊山一幕幕动人的古代故事和中华五千年的文明发展史。

四川——乌江天险旅游走廊 自古有“天险”之称的乌江，随着三峡游客的纷至沓来，正在形成一个新的旅游走廊。峡多谷深，是乌江的一大特色，仅涪陵地区境内109公里长的江段便有7处大峡谷，沿江壑叠嶂连。一些旅游专家评价说，乌江的豪野之气不亚于三峡。变化多资的江水流态，是乌江景观独具特色的“一绝”。险处潮涌浪飞，声若惊雷；江心波光潋滟，岩影明晰；转弯处碧水回环，翠鸟惊波，好似一幅天然图画。乌江沿岸各种景观密布，目前已得到开发的有小溪、芙蓉江、白马山、仙女山等自然景观，有国家一级景点芙蓉洞，有巴人古墓、长孙无忌衣冠等人文景观。

槽渔滩风景区吸引游客 四川槽鱼滩旅游风景区成为当今巴蜀一大旅游热点。该景区是槽渔滩水利枢纽工程的重要组成部分，位于洪雅县罗坝镇青衣江河段洪雅和雅安交界处。总长18.67公里，总面积28平方公里，以青衣江桫椤峡段为轴线分布，8000亩宽阔水域，60多个自然景观和人文景观交相辉映。

大寨成为山西旅游热点之一

曾是中国农业战线旗帜的大寨村，正在建成山西省三大旅游热点之一。由同济大学建筑系设计的旅游规模充分利用大寨风景区的旅游资源和地形、现状,因地制宜地创造舒展朴实、幽静典雅与现代新奇相对应的自然景观与人文景观,由6个旅游分区组成。

它包括:“大寨村”景点,游人可以参观1963年大寨村被洪水淹没后统一修建的那种北方极为罕见的“火车皮”式住宅、村公所、陈永贵旧居、先后有“苦人树”“乐人树”之誉的那棵饱经沧桑的大柳树等,还可进入窑洞参观,与今日大寨人促膝交谈。“大寨田”景点,30年来大寨人六战狼窝掌,建成海绵田,梯田纵深300米,跨越20多米地形高度,形成特奇的自然景观。“大寨史”景点,在虎头山脚新建大寨历史陈列馆,综合介绍大寨人艰苦创业的历史。

九江决堤处成了景点

1998年发生长江干流决堤的九江4、5号船闸如今成了九江一处新的游览景点,9月1日下午记者在昔日决口处见到了三三两两前来游览的人们。尽管决口恢复了平静,但从一层一层白色的沙袋和沉在缺口处的江轮还能令人想象出决口时的惊险。南京军区某团的一位小战士讲,这几天前来大堤拍照留念的人越来越多,甚至远在南昌都有人专程赶来,刚才两名外地商人暂时搁下了生意,来到大堤向他们询问决口时的情况。在大堤上,记者还遇到了一位姓严的老大爷,自从6月涨水以来他就一直坚守在这段大堤上,亲身经历了决口堵口那些难忘的日日夜夜,下午他刚好轮班,于是带着自己两个小孙女来大堤看看。他听说,这段大堤将不恢复原状,作为永远的抗洪纪念,他讲溃口令人痛心,但这样大流量的一条大河决了这么大的口子还能在短时间内堵住更是一个奇迹。

井冈山发现新景点——石燕洞

在井冈山发现一个神奇的洞——石燕洞。洞内石燕纷飞、怪石峥嵘、泉水潺潺。

该洞位于桐木岭哨口西侧，距茨坪约9公里。初步探明大小洞穴7个，最大的可容纳百余人，最小的也有六七十个平方米。洞的入口是一个垂直"天井"，深约10米。进入第一个洞，就见一块酷似井冈山主峰的石笋群横亘洞中。抬头望去，洞顶悬挂着串串石燕，有的象是正在上下翻飞。沿着叮咚的泉水进入第二个洞，洞内又是一番景致。只见钟乳石犬牙交错，异彩纷呈，有的如天鹅曲项高歌，有的似大象静思，有的像观音坐莲。最为奇特的一个洞穴犹如东海龙宫，宫中鱼、虫、珊瑚应有尽有。中央竖着一擎天柱，恰似当年孙大圣的如意金箍棒。

鞋山游趣

在烟波浩渺的鄱阳湖中，有一处秀丽雄奇的景观，它以大江大湖为依托，以匡庐群峰为天然屏障，这就是鞋山。

游鞋山的妙趣在于，在不同季节，从不同角度看鞋山，就象欣赏一个精美的盆景，可以观赏到姿态各异、风格截然不同的景观，只有从东面或西面看鞋山，山形才酷似一只绣花鞋，鞋山便由此得名。

据地质学家李四光考证，鞋山属第四纪冰川遗迹，石灰岩地形地貌经过千万年洪水和风雨的侵蚀，鞋山地表形成了丰富的奇石景观，冬季洪水退去，不用登山，穿行在山下石谷、石洞、石隙之间，你会忘却所有的烦恼，仿佛回到了与小伙伴们捉迷藏的少年时代。

鞋山冬季最值得一看的要算观候鸟，站在鞋山东南面的悬崖崩峭壁间，向上看去，数千只鸟巢悬挂在石缝里的树杈中，白鹳、灰鹳栖息巢中怡然自乐，稍有动静，鹳鸟惊起，纷纷抖动宽大的翅膀，发出悦耳的叫声，高低翩飞，姿态极为轻盈优美，好一幅美不胜收的鞋山飞鸟图。

赏玫瑰胜地

平阴　山东平阴县素有"中国玫瑰之乡"的美誉，这里的玫瑰以花大色艳、瓣厚味浓、品质优异而驰名中外。初夏花开时节，山谷中玫瑰盛开，花团锦簇，蜂蝶飞舞，芳香袭人。

兰州 甘肃兰州市种植玫瑰的历史已达300年以上，目前年产玫瑰在40万公斤以上，是全国最大的玫瑰产区。每至初夏，兰州市内城郊处处玫瑰盛开，绚丽多彩，“花海玫乡”是“兰州八景”之一。

沈阳 玫瑰花是辽宁沈阳市的市花，市区各主要街道、广场、公园都有广泛栽植，全市玫瑰种植在5000万株以上。一到夏日，全城鲜花怒放，五彩缤纷，花香四溢，十分壮观。

承德 河北承德市数百年前即开始种植玫瑰，当地有“家家户户栽玫瑰，许前廊外飘馨香”的民谚流传。花开时，市内各处都是玫瑰花株，色彩斑斓，令人赏心悦目。

佛山 广东佛山市以玫瑰闻名，有“玫瑰城”的美称。城内的大街小巷、公园花坛，处处可见玫瑰花影。夏季来临，玫瑰竞放，万紫千红，香飘数里，游人如织，盛极一时，是岭南著名的赏花胜地。

银川 宁夏首府银川市素有“塞上江南”之誉，市内广植玫瑰花，并以玫瑰为市花。每至仲夏季节，到处鲜花盛花，成行成片，香满古城，形成“十里长街十里香”的奇观。

赏柳胜地

运河柳 隋炀帝杨广在开凿大运河时，下旨在运河两岸栽植柳树。当时“圣旨”明示：凡在堤岸植柳一棵，奖细绢一匹。于是百姓争相栽柳，运河两岸也就绿柳成行，成为蔚为大观的“运河柳”。

思乡柳 唐代唐太宗李世民将文成公主远嫁西藏松赞干布时，特地从长安带去了柳树苗，栽种在拉萨大昭寺周围，借柳抒情，寄托文成公主对故乡的思念。这便是西藏人民称之为“唐柳”或“公主柳”的来由。如今，这柳树也成了民族团结的象征了。

欧公柳 宋代文学家欧阳修曾在扬州建了“平山堂”，并亲手在门前栽植杨柳数株。当时春夏时节，垂柳依依，可惜岁月流逝，如今仅剩一株古节。然而,亦吸引无数骚人墨客,前往赏玩,一抒怀古之情。

苏堤柳 这便是著名的杭州十景之一,“苏堤春晓”中的杨柳。宋代大文豪苏东坡在杭州为官时,亲自带领民众在西湖筑堤,蓄水灌田,并在堤上栽种杨柳。千年过去,今日的苏堤,春夏时节,垂杨拂水,碧绿含烟,无限风光,游人如鲫。正是:前人栽柳留佳景,如今赏柳倍思君。

左公柳 清代名将左宗棠,受命驻守西北边境时,命令部下在河西走廊沿途栽柳,绵延数千里,河西走廊于是绿柳成荫,春风荡漾。后人曾有诗赞道:“大将筹边尚未还,湖湘弟子满天山;新栽杨柳三千里,引得春风度玉关。”这也便是著名的“左公柳”。

赏红叶胜地

长沙岳麓山红叶 在长沙市的湘江西岸,每逢金秋季节,峡谷中红叶漫山,遮天盖地。岳麓书院后的爱晚亭是中外闻名的观赏红叶胜地,此处枫林连片,红似烈焰,唐代大诗人杜牧在这里留下了“停车坐爱枫林晚,霜叶红于二月花”的千古名句,爱晚亭便由此得名。

苏州天平山红叶 在苏州市西15千米,素以怪石、清泉、红枫三绝闻名天下,自古就有“天平十月看红枫”之说。天平山的枫叶与众不同,呈三角形,五裂瓣,俗称“三角枫”或“鹅掌枫”。红叶的变化也有个奇特的过程,先是由青变黄,再变橙、变红,最后变紫,于是又有了“五彩枫”的美称。

北京香山红叶 位于北京市西北郊的西山东麓,主峰为香炉峰。十月的香山,黄栌树竞相换装,全山一片红艳,其气势之磅礴,早已蜚声海内外。每至此时,登上香山森玉笏峰顶的的一座小亭,极目远眺,满山的红叶尽收眼底,如火如荼,美景令人叹为观止。

南京栖霞山红叶 在南京市东北郊的栖霞镇,分中、东、西三峰,山上枫树成林，郁郁葱葱。每到霜降时节，枫叶转丹，层林尽染，宛如红云万朵。东峰的太虚亭，正处枫林深处，是栖霞山观赏红叶的最佳处。游人至此，有如置身于彩霞之中，顿生流连忘返之感。

理县米亚罗红叶　四川理县的来亚罗风景风，总面积 3688 平方千米，是藏在深山人未识的我国最大的红叶风景线。秋日降霜之后，杂谷脑河西岸的枫、桦等树尽染红色，万木似锦，分外诱人，尤其是中午阳光直射下，更是流光溢彩，真是“绮缬不足似其丽，巧匠不能穷其工”。(红)

赏桂胜地

桂花之乡——咸宁　湖北咸宁素有“桂花之乡”之美誉。金风送爽时，80 万株桂吐蕊飘香，到处芳馨弥漫，溢香流金，正有“独占三秋压众芳”之势。

金粟世界——桂林　桂林以桂树成林而著称。金秋时节，10 万株桂树，争奇斗艳，芳香远溢，不愧是“金粟世界”，令人叹为观止。尤其中秋之夜，天高气爽，明月当空，徘徊桂树丛中，桂香扑鼻，颇有“春风吹不断，冷露听无声，扑面心先醉，当头月更明”之诗情画意。

自古发天香——光福　苏州光福山区，方园数十里，桂树成林成片，至今尚有 800 年的老桂树，300 年的老桂树。金秋花期，6 万株桂树，花闹枝头，色彩纷呈，正如宋代诗人杨万里所云：“不是人间种，移从月里来，广寒香一点，吹得满山开。”

十里桂花廊——满觉陇　杭州满觉陇，素有“十里桂花廊”之美誉。金秋时万株桂树先后开放或满树银白、或一片金黄、或一团鲜红，美不胜收，历为杭城赏桂胜地。

天香云外飘——漕河泾　上海漕河泾，广植桂树，金秋时万株桂树吐蕊飘香，漫步桂树林中，恍若置身于“凉飙吹树桂香浮”的美妙仙境，令人心旷神怡。

天香云外自飘来——桂湖　四川新都桂湖，以桂为景，以桂命名，金秋时节，满园桂林“天香云外自飘来”，近 5000 株桂树，先后开放，馥郁流溢，十里醉人，尤其桂花会其间，更是游人如潮，热闹非凡。

赏荷胜地

西湖荷花名扬古今　杭州西湖荷花名扬海内外，历代著名诗人李白、杜甫、苏轼、杨万里等都有吟咏西湖荷花的名句。西湖赏花最引人入胜的是苏堤虹桥畔的“曲院风荷”。泛舟湖上，可领略到“风送荷香香扑鼻，红衣翠扇映碧波”的独特情韵。

微山荷花映日红　名扬中外的山东微山湖，有6600多公顷野生荷花。盛夏时节，一望无际都是荷花，灿若云锦，清香阵阵，真是“接天莲叶无穷碧，映日荷花别样红”。

大明湖里四面荷　山东济南的市花便是荼花。城北大明湖，不仅是人文景观荟萃之地，也是观赏荷花的胜地。盛夏的大明湖，“四面荷花三面柳，一城山色半城湖”，风光旖旎，可醉游人。

莲湖赏荷别有情　莲湖位于湖南岳阳市西北30公里处，面积有200多公顷，以荷花美且多著名。夏日莲湖，荷流香波，花绽清幽，诗情画意，让人留连忘返。

洪湖荷花格外俏　洪湖是个著名的地方，洪湖万顷荷花更负盛名。夏日荷花盛开时，争奇斗艳，清香扑鼻。现在，洪湖已辟有观花、采花、吃花种种旅游娱乐新景点，让游人大饱眼福、口福。

白藤湖千亩荷塘有“佳藕”　位于珠海市斗门县白藤湖农民度假村。千亩荷塘如碧绿海洋，荷花盛开，香溢四方。更难得的是这荷塘盛产无丝莲藕，为驰名美食。

此外，还有白洋淀荷塘、颐和园荷池、杨州瘦西湖荷花以及南京莫愁湖、湖南洞庭湖等多处赏荷胜景。

赏竹胜地

蜀南竹海甲天下　在四川省长宁县与江安县交界的烟云深处，有一片广阔的天然竹园,覆盖着500多座山丘,总面积6万余亩,这就是国内外罕见的自然风景区"蜀南竹海"。

君山竹影舞翩跹 湖南岳阳市郊洞庭湖中的君山岛,有竹子上百种。君山72峰,峰峰有竹,最稀奇的要数连理竹,同体异枝,如同情人相依相偎。

莫干竹林蔽天日 暑天上浙江莫干山,最悦人的就是竹。竹是莫干"三胜"(竹、云、泉)之冠。几千亩的绿竹,从荫山铺到剑池,又从剑池铺到庾村。

云栖竹径媚生姿 云栖竹径是杭州西湖著名风景区之一,其地形为典型的溪涧壑谷。800多米的游览道逶迤地穿过浓密的、高达20余米的毛竹林。借地形起伏、溪涧涓流以及亭、榭、树木的布置,形成了"夹径箫箫竹万枝,云深幽壑媚生姿"的竹径景观。

庐山竹径指清风 在江西庐山仙人洞北,有一条小径,此处竹林丛丛,轻风拂过,竹叶摇曳,沙沙作响,隙间筛洒斑驳秀影,满地碎金。

漓江凤竹翠两岸 广西桂林市与阳朔县之间的漓江,是桂林山水之胜。漓江两岸,遍植凤尾竹,其中以兴坪段为最多。乘舟顺流而下,举目皆是竹丛村舍,修竹翠影。

此外,安徽九华山闵园、成都望江楼公园竹园、浙江千岛湖金竹园、普陀山紫竹林、上海植物园竹园、江西九江翠竹园、北京紫竹院等,都是赏竹的好去处。

香港海洋公园

香港大小公园100多个,海洋公园是唯一收费的。门票虽每位高达140元港币,海洋公园仍以其娱乐设施惊险有趣、表演和展示项目缤纷多姿及自然环境优雅恬静,吸引着众多来自世界各地的观光客。无论来自哪一国的旅游团,不管是在香港待几日,都少不了到这个东南亚最具规模的娱乐休闲中心一游。

海洋公园位于港岛南部,临近香港仔。占地87公顷,主要为山地的公园被高200米的南朗山分成山上山下，南北高低两个部，中间以高空缆车相连。游客可进公园正门，先游山北低园的水上乐园、绿野花园，带孩子的游客还可游儿童王国，然后乘缆车，再游山南的高园，也可由大树湾入口处进园，先游集古村、雀鸟天堂，然后搭乘登山电动扶梯上山，到高园游急流天地、山上机动城和海洋天地，观看海洋剧场杀人鲸、海狮、海豚的绝技，参观海洋馆400多种、500余尾各色海鱼。之后，再坐缆车翻山，去游山北的低园区。

在集古村人文景观里，可漫游从夏商至明清13个朝代5000年的中国历史，领略各个朝代不同风格的建筑、古迹。

搭乘225米长的登山电动扶梯，游人可边登山边赏景。四条缆车线上，百十个球形缆车，像七彩气球飘荡在山坡上。

整个公园的游览项目上凭游人挑选，一切费用都包含在门票之中。沿途可看到由公园组织安排的小丑杂要表演和墨西哥五人小乐队的演奏。公园内共有活动点100多处，一天时间里不可能全部游完。

澳门八景

镜海长虹　包括“镜海”与“长虹”两部分。“镜海”本是澳门的古地名之一，又泛指澳门半岛与凼岛之间的海面，几百年来为澳门对外贸易航道。如今的“镜海”，架起了两座大桥：澳凼大桥和友谊大桥。两桥尤如长虹横跨“镜海”，成为澳门交通大动脉。

妈阁紫烟　妈阁庙是澳门三大古庙之首，迄今已有500多年历史，是澳门开埠的历史见证。妈阁庙为游客必到之处，历来香火鼎盛，经常紫烟弥漫，一派祥和。

三巴圣迹　包括大三巴牌坊和炮台组成的风景区。大三巴牌坊本是大三巴教堂，1835年被焚毁后只留下石砌前壁。大炮台原是大三巴教堂的祭天台，已有300多年历史，向为军事禁区，1966年才解禁为旅游区。

普济寻幽　是澳门最大的祥院，也是澳门最具规模的庙宇，景物清幽，保存着明清南方庙宇特色，为望厦村及粤省文人雅士相聚之地。1844

年7月3日中美签订《望厦条约》的石桌石登也在这时。

灯塔松涛 松山是澳门半岛的最高山岗,松山上耸立着一座灯塔,原称东望洋灯塔,它与松山炮台和松山教堂构成松山三古迹。在这里远眺,澳门全景及珠江口的壮丽景色尽收眼底。

卢园探胜 卢廉若公园始建于1904年,由大赌商、澳门商会和镜湖医院慈善会的值理会主席卢廉若投资兴建,其规模之大为澳门私家花园之最。1973年澳府收购后重建为公园。

龙环葡韵 是指凼仔后背湾一带的欧陆风韵。该处住昔临海,风景优美,花园分布其间。1968年后形成了海滩一大片红树林,岸边碎石马路帝五座一列的葡式建筑,掩映在绿树中,成为游人喜到之处。

黑沙踏浪 古称"大环"的路环黑沙海滩,沙滩一宽约1公里,沙细而匀,呈黑色,故有黑沙海滩之一名,是澳门地区最大的天然海滨浴场。

游在澳门

用弹丸之地来形容澳门是再贴切不过了。澳门由澳门半岛和凼仔、路环两岛组成,总面积为18.98平方公里,仅相当于香港的1/63。

近年,到澳门的全球旅客每年已达800万左右,而澳门本地人口还不足50万,其中却有12%的人在从事旅游业。旅游业的收入已占当地经济收入的40%左右,成为澳门继外贸之后的第二个赚取外汇的重要行业。

澳门旅游中又以博彩业著称于世,每年到澳门的数百万港客和外籍旅客大都是为赌博而去的。目前澳门的博彩业仍属专利经营性质,每年上交的博彩税约占总税收的一半。博彩业主要有博彩娱乐、赛狗、赛马车、回力球、铺票等5种。

澳门的名胜古迹很多。过去曾以"炮台之城"闻名于世。在20多座大小炮台中,以雄踞于市中心的圣保罗大炮台最为有名。

寺庙建筑众多是澳门的又一特点,中外庙宇教堂多达几十座。在中国式的庙宇中,以妈祖庙、观音堂、莲峰庙三大古刹名气最大,这些庙宇都有几百年的历史。妈祖庙建于1368年,比澳门开埠还早200多年。妈祖菩萨是澳门中国居民的吉祥神,她的塑像和庙宇在澳门随处可见。

澳门旅游部门除注重维护大三巴牌坊等名胜古迹外,还十分重视充实旅游设施,拨款兴建了郊野、黑沙和竹湾三个公园。其中黑沙公园耗资1500万澳元。竹湾公园仅游泳池一项就耗资900万澳元,占地1300平方米,用天然石头雕琢而成,造型优美,颇具欧洲风格。游泳池与海滨沙滩天然浴场浑成一体,每逢游泳季节,中外泳者如鲫。

港澳的异同

游过香港再看澳门,静坐长思,总感到二者之间存在着难以分割的关联:港澳是一对姐妹城,历来关系密切,有着广泛的地缘关系、亲缘关系和业缘关系。

香港和澳门相隔仅40海里,自古为中国领土,从公元前3世纪的秦代开始,港澳地区就正式划入中国的版图,先后属南海郡、东官郡以及新安县、香山县所辖。从历次的考古研究发现,早在五六千年前我国先民就在这里居住、捕猎、采果、耕作,繁衍生息。

香港面积1000余平方千米,是澳门的60倍之多。澳门人口40多万,约是香港的1/15,但澳门的人口密度堪称世界之最。走在两地的街上,满眼尽是黑头发、黄皮肤的中国人,据统计,目前两地人口中,中国血统居民均占95%以上,且广东籍占大多数。

香港大街上人多车挤,高楼大厦似“人造峡谷”,缺少绿化和生机,但银行、店铺鳞次栉比,各种商品琳琅满目,实为购物理想之地;澳门既有繁华的南湾都市区,又有较僻静的凼仔村镇,闹中有静,更适合人们度假消闲。

澳门海域水浅,大宗货物靠香港转运;香港是一个自由贸易港,拥有世界最大的货运码头。在经济发展水平上,澳门落后于香港,稍具规模的工厂大都是香港厂家的分厂或附属厂,经济兴衰受其影响较大,故有人说,香港“感冒”,澳门“发烧”。就工业部门来说,两地均因人多地狭,缺少原料、燃料而大力发展加工工业,产品以出口外销为主。香港和澳门都是举世闻名的旅游城市，年入境人次均在500万以上，旅游业发达。

两地都依靠内地供水，东深（港）供水工程不断扩建，年供水达到10多亿立方米；1988年建成的磨刀门引水工程，每日可供给澳门36万立方米。

在城市知名度上，香港超过澳门，名声显赫，被誉为“亚洲四小龙之一”“东方之珠”美名扬四方；澳门赌业，世界有名，有“东方蒙特卡罗”之称。

香港已于1997年7月1日回归祖国，澳门的回归日期是1999年12月20日。（曲中厚 朱玉来）

台湾著名的佛教胜地——佛光山

佛光山座落在台湾省高雄县的大树乡，是台湾著名的佛教胜地，由国际知名的佛教翘楚星云大师所开拓经营。佛光山有台湾佛教最高学府，有世界上最大的佛殿和令人惊叹的接引大佛。

接引大佛若论实际高度，其实并不算高，它只有12米，比山西大同云岗石窟大佛（17米），河南龙门奉先寺大佛（17米）甘肃永靖炳灵寺大佛（27米）都矮一截。比起71米高的四川乐山大佛，更是小巫见大巫。但上述佛像都是依山雕凿，虽云大矣，但背靠山崖，参照物太大，佛像自然减少几分气势。这个接引大佛却不仅不背靠大山，还独自矗立在一个山岗顶上，佛借山势，便有一种高耸入云的感觉。加上前述那些佛像都是石头本色，与山体色差对比度小，因而并不不显赫。而这接引大佛却全身灿烂金色，给人的感觉自然大大不同。那闪亮的金色，在太阳映照下，反射出万道金光，令人仰目望去，不由自主，发出连声惊叹！接引大佛顶天立地，微微俯身向着人间，慈祥的面目和接纳引领的手势，令人意会到他正引导众生，前往那藏在缥缈云间的极乐世界。

更妙的是，在接引大佛膝下，还有四百多尊金光灿烂，大约比一个成人略高的小佛像。它们也和大佛一样，做出接纳的手势，有的沿着大佛的莲花围成一圈，有的似在山坡上列队蜿蜒前行，有的在山顶排列成行。众佛像的背景是苍翠的绿树，是佛刹的红墙黄瓦，是蓝天和白云。当浮云飘动时，你会觉得这几百尊佛像似乎在缓缓前行，你仿佛听见他们嘴里含着佛号，在祥云袅绕中走向那西方极乐世界。

总之，游客驻足这小山之上，极目远望，到处都是金光灿灿的佛像，只见山天一色，显现出佛海无边的茫茫金光，气势恢宏，故名曰："佛光山"。

佛光山上，在接引大佛的另一边，有许多佛门长老的茔塔。这一些茔塔作葫芦形，沿着山腰的柏油马路，排列成行，形状划一，大小相若。其颜色鲜亮，一般以白色衬以粉红、粉蓝，很是夺目。茔塔间夹着大蓬大蓬盛开的红花，更营造出热闹的气氛，使这一带自成一景，引致不少游人欣赏留连。

台湾的蝴蝶·蝶谷·蝶画

台湾是世界著名的蝴蝶产地，"享有蝴蝶王国"之誉。全岛已发现的蝴蝶有400余种。

究其原因，因台湾地处亚热带，四季温差不大，岛上盛产各种水果，是蝶类生长，生存的乐园。

台湾到处都可见到蝴蝶，尤其是山谷林野，河岸林旁，一年四季都有成千上万彩蝶在飞舞。400余种蝴蝶中有不少是世界上的珍稀品种，在许多国家濒临绝种而严禁捕捉，在台湾却并不罕见。

生长在兰屿岛上的金凤蝶，翅膀上有一层金色粉状物，好似镀上黄金一般，身上布满绚丽斑斓的五彩花纹，在阳光下飞舞，金光闪闪，灿烂夺目，十分迷人。在务社新发现的"维寿凤蝶"，雌雄蝶的双翅明显分为不同形态，蝶体纹饰异常好看，观赏价值极高，被学术界誉为蝶类中的无价之宝。据悉，迄今世界上只发现过10只。

台湾蝴蝶有群居习性，由十多万只至数百万只，繁衍生息在海拔千米以下的山谷之中。这样的地方,一年四季群蝶翩翩飞舞,与繁花草木构成美丽多彩的天然图画,被称为"蝴蝶谷"。现在已发现全岛有大型蝴蝶谷十余处。其中位于高雄美浓镇双溪上游的"黄蝶翠谷"最负盛名。狭谷长500米,风景优美,碧绿如荫,山花如锦,蝶多且美。这里生存着两种四色淡黄色蝶群。每年有2至3个繁殖期,一期育蛹百余万,奇特的是所有的蛹几乎同时化蝶,全部呈淡黄色,届时百万只黄蝶纷飞,蔚为壮观。

台湾盛产蝴蝶,台湾人充分利用这种独特的生物资源制作蝴蝶标本和蝴蝶画出售,目前台湾已成为世界上最大的捕蝶区和蝴蝶标本供应中心。

山东"天尽头" 中国"好望角"

荣成市位于山东省东部,三面环海,在最东一处从陆上直伸向黄海的一个岬角,景色很壮丽。在海图上称为"山东高角",在地理上是成山山脉的终点,一般人称之为"成山头"。这个尖端岬角又是我国最东的地方。登上顶部远望,只见水天一色,好像是陆地的尽头,因而又称之为"天尽头"。亦有人称之为中国的"好望角"。据说这里的地位特殊,受到历代军事人物的重视,成为一处兵家必争之地。著名的"甲午战争"就发生在成山头海面,我国名将邓世昌率领致远舰为了保卫国土,英勇作战,壮烈牺牲在此海面。

成山头的高处,矗立着一块写有"天尽头"三字的石碑,题字乃胡耀邦手笔。旁边有"秦桥"的遗迹。

据资料记载,当年秦始皇想见海神,海神与他约定,只能相见,不能绘相。见面时海神发现秦的随从不守诺言,立刻要秦始皇回原地。当秦的马前蹄刚着陆,海桥立即崩塌,只剩下目前四块大石供人们凭吊。

去"成山头"要先到威海,再转旅游车约两小时左右始可到达。这里除了壮丽的自然风光之外,还有秦始皇殿和邓世昌将军的塑像等。

中国的“夏威夷”亚龙湾

亚龙湾在海南省三亚市，面向浩瀚的太平洋，是中国最美丽的海湾之一。

一下车游人就能看见一个很高大的石碑，呈龙的形象，无疑，那是象征中华民族龙的精神。有好几座雪白的建筑物，看起来象撑开的大伞，美丽的鲜花种植周边，这样的建筑，使人联想到悉尼歌剧院那种特别的外形。

穿过那些建筑物，来到高高的石梯顶部，一下子就看见了海滩，而远处的海水却是亮丽的绿色。亚龙湾从空中看下来是呈月牙形的，像一块翡翠镶嵌在银白色的沙滩上。海湾里游客很多，赤足踏上沙滩，顿觉柔和细腻，百般舒适。原来亚龙湾的沙滩不仅雪白，而且沙粒还特别细。当沙粒从指缝中流泻的瞬间，感觉就犹如指尖抚过丝绸一般。

亚龙湾有很多娱乐项目，有设备先进的潜水旅游，有浪漫温馨的海上垂钓，还有无数物美价廉的工艺品出售。最让人觉得可爱的，是矗立在沙滩上的一些小茅草蓬，形如蘑菇，篷下配有白色的沙滩椅，可供游人休息。当你在海边和浪花追逐而困乏之后，不妨躺进茅草篷下的沙滩椅上，听着海涛声，轻轻闭上眼睛，一种返璞归真的感觉就会溢满胸间。

一岩向背见　一石两三名

武夷山的景观有“六六三三”之称。六六是指三十六奇峰，三三则称九曲溪水，更有九十九岩相配，溪壑幽美，这些峰岩矗立在九曲溪中，随着溪水的回流而变幻着各异的丰姿，令人目不暇接。清代丁耀亢在《武夷偶述》中对武夷山地貌特征说得非常清楚。他说“武夷之异于他山者有三”，其中一异便是“凡山或排列、或分聚，此则峰溪相环，九折万状，山前以后山为郭，山后以前山为障，远不半舍，往复不穷。”这是他亲身遍历了奇景之后所得的结论。

这种随着水势转折而以不同姿态吸引游人的独特景观，较多集中在五、六两曲。在五曲西岸临水而立的有座仙迹岩，上有两个石窝，相传是仙人跪拜皇太姥的膝痕，所以又叫仙膝岩。而浸在水中的岩趾，有两个石洞，左边的称为米仓、右边的称为盐仓。传说，若要预测米盐价格的贵贱，只要看洞内的积沙多寡便可分晓。就是这个仙迹岩的后背，当竹筏转过时，却见到它巍峨壮观的胜景，叫作城高岩，它四面陡壁，只能从北壁的悬梯上登，一览明代所建成的城高庵遗址。

五曲有名的晚对峰，它石凝紫痕，山浮绿烟，就像一道翠屏排空而开，素有“紫石屏”之称。南宋时，刘珙筑抑高堂于峰麓，而对武夷精舍；同时，朱熹也在隐屏峰下建晚对亭与之相向，是武夷山著名的景点之一。而当竹长筏进入八曲，它的背后却成了另一胜景——烟际岩，只见它高拂霄汉，烟云环绕，所以又叫玉藏峰。它的左边有两块一大一小相似的岩石，由于它极似旧时的米仓，叫作大小禀石。

六曲溪南，有座响声岩，它以“空谷传声”引人着迷。它的伸入水中的岩脚是与丹炉岩连在一起，但却独自隆起一个浑圆的岩峦，通称钵盂岩，岩顶竹树蒙密、幽绿沁人。岩壁上镌刻着宋、元、明三代文人名士朱熹等名贵摩崖刻石。转入七曲，这响声岩的右肩却又构成太姥岩一景。它削崖陡立，上拥层林，下临回澜，令人耳目一新。

这些奇艳的“一岩而向背见，一石而两三名”全国罕见的特异现象，明代李元阳总结得好，“天下山水，至武夷诸峰奇诡极矣！五岳之内，山之大者，百里同一；形小者，亦数十里同状。盖其地脉相贯，故形状不能不同也。独武夷诸峰则不然，十里之近，九曲之内，变幻四出，姿态横出，或连脊异形，或一山两状。……布列尽平天巧，体制疑于人为。游观到此，将谓造物者之独有所私矣。”（《登武夷山大王峰记》）这精辟的见解，把武夷山川的神秘面纱揭示在游人面前。

广州从化北回归线标志塔

广州从化北回归线标志塔，塔顶上有一个通天小孔。一缕阳光正正地从塔顶的小孔钻进来;垂直地照射在塔底那指头大的黄铜柱点上。这一年才能见一回的天文奇观,今年老天爷格外开恩,可以在6月21日至22日连续两天在位于从化太平镇内的北回归线标志塔内目睹。最佳观赏时刻是:6月21日12时27分40秒;22日12时27分53秒。

从化太平镇北距广州40余公里,有准高速公路相连。北回归线标志塔公园建于公路边。塔高23.5米,型似火箭,由230多种7310块花岗岩砌成,是目前世界最高、规模最大的回归线标志。标志塔四周,现已建成园林公园,筑有亭榭鱼池,栽有奇花异树数十种。有关部门计划将公园面积扩展到30公顷,建造成以北回归线经过的不同国家、地区组成的七个微缩景区,配套天文馆、自然博物馆、使之成为广州旅游热线上融科学、教育、旅游为一体的科学游乐园。

白塔揽胜

白塔造型别致,为一方风景增色,这些白塔主要有:

曼飞龙白塔　在云南景洪县,为一白塔群,由大小九塔组成,宛如玉笋破土而出,有笋塔之称。

大姚白塔　在云南大姚县,塔上大下小,形如磬锤,故俗称磬锤塔。此塔形制特殊,在我国古塔建筑中少见。

大理白塔　在云南大理,全称崇圣寺三塔,三座白塔鼎足矗立于苍山之麓,洱海之滨,为驰名的胜景。

北海白塔　在北京北海公园琼华岛之巅,是北海公园最突出的建筑。在其西的阜内大街北侧,还有一座妙应寺白塔。

蓟县白塔　在天津蓟县城内,因塔前有观音寺,又称观音寺白塔,呈八角形,八个转角处有重层小塔,较为奇特。

太谷白塔　在山西太谷县城内,外观楼阁式,气势壮观,瑰丽精致,洁白的塔身数十公里外即可见。

五台山白塔　在山西五台山塔院寺,青山绿丛之中,高耸的白塔格外醒目,因而有五台山的标志之说。

辽阳白塔 在辽宁辽阳白塔公园内,实心密檐,整个建筑的造型和局部雕刻,都具有较高的艺术水平。

杭州白塔 在浙江杭州钱塘江边闸口,为一座仿木塔形制白石建筑,每层有腰檐和回廊,顶置塔刹,轮廓挺秀。

南充白塔 在四川南充鹤鸣山,为密檐式斗拱铺作,并饰以假昂。此雄伟壮观,虽经多次地震,基本完好。

武汉白塔 在湖北武汉,全称胜象宝塔,由外石内砖迭砌而成,层层上拔,内收外展,色泽白润,镂刻的各种图案生动。

大小赵州桥

大石桥全用石制成,28 个拱券就像 28 张同样形状的弓,并排合拢在一起,做成弧形的桥洞,这种组合法,使桥上的每一道拱券都能独立地负重,一道坏了,不会影响其他各道。拱脚像两个弓稍插在两岸,弓背拱起在河水上,远远望去,真像天上的虹。

要了解大石桥价值,只须看看这几个“最”:

赵州大石桥是世界上最古老的石拱桥;

赵州大石桥长 50. 82 米,宽 9. 6 米,是我国古代最大的单孔桥;

赵州大石桥的跨度为 37. 3 米,是古代中国乃至世界上最长的石拱;

赵州大石桥的拱肩上还驮了 4 个小拱,这种“敞肩拱”型桥,不仅样子精巧、美观,还减轻了桥拱和地脚的负荷,河水暴涨时又减少水流的阻力,这一切都能延长桥的寿命,是世界桥梁史上的一个创举。

小石桥虽不如大石桥那么宽、那么长——它只长 32 米,宽 6. 34 米——但是某些地方却胜过大石桥:它的桥面弧度就小于大石桥,桥面几乎同水面平行,其难度大大增加,其技艺又胜一筹。大石桥的玉石栏杆上雕着各样的龙兽,或二龙戏珠,或二龙于水中握“手”言欢,或二龙于水中缠绕,口吐水花,千姿百态,古拙可爱。小石桥上也有浮雕:河神、飞马、游鱼,还有许多生动的市井人物,那形象又丰富得多,技艺也纯熟得多。

大石桥的真正作者是隋朝的工匠李春,其建桥年代距今已有一千三百多年了。小石桥的作者则是金明昌年间(公元1190—1196年)赵县的一位叫衰钱的人,其建桥的年代同京郊的卢沟桥相差无几,桥栏及其雕刻是明代的遗物。古称赵州,故又名赵州桥,当地俗称为大石桥。建于隋代,据唐中书令张嘉贞撰写的《石桥铭序》载:“赵州河石桥,隋匠李春之迹也”桥为单孔,圆弧,南北向,全桥长64.4米,宽9米,由28道独立石拱纵向并列砌筑,净跨37.02米,跨度大而弧形平。桥拱肩敞开,大石拱上两端各建安济桥两个小拱,靠桥塊的两小拱净跨3.81米,近桥中央的两小拱净跨2.85米,此一设计,既减少水流阻力,又减轻大拱券和地脚的载重,构思精巧,在世界桥梁史上是一项极其伟大的成就,特别是拱肩加拱的“敞肩拱”型桥,是世界桥梁史上首创。桥两侧栏板、望柱雕刻精美,跌宕多姿。由于桥身巨大空灵,稳固坚轻,寓秀美于雄伟之中,巧夺天工。宋人杜德原诗有“驾石飞梁尽一虹,苍龙惊蛰背磨空,坦平简直千人过,驿马驰驱万国通,云吐月轮高拱北,雨添春水去朝东”之句。民间流传的歌舞剧《小放牛》赞誉此桥,反映了人们对造桥匠师的钦敬。

龙岩适中方形土楼特色

来到闽西重镇适中,首先映入眼帘的道路两旁,高大的土楼,栉比连檐,宏伟的墙体,若堡若城。这就是引人注目的适中方形土楼群。它以方形为主,历史悠久,建筑宏伟,别具一格,堪称“民居瑰宝”。

适中,早在公元736年就有文史记载,当时称“上坪堡”。由于它“地跨山海,雄截乎四方咽喉”,在历史上,是闽西南、粤东北通往京师的要道,“建公馆,设军营”,遂使这个万山环抱的小小村落逐渐繁荣发展起来。土楼的兴起,大约在明朝中后朝,烟草自南洋传入福建,这里成了海上通往内陆的“丝绸之路”要塞。适中的皮丝烟商分布在陕、甘、赣、鲁、浙、粤一带,到南洋经商的人日益增多,他们发财后竞相建筑高大的土楼。清代的雍正、乾隆、嘉庆期间达高潮,最盛期有300余座,现存242座。

适中土方楼之所以引人注目,首先是因为它全部使用夯土建筑,大量使用粘土稍加上一些石灰、稻草之类掺和物,利用夯筑建造出三至五层的高楼。

方形是适中土楼最大的特色。据专家考察,大量的是建于康熙、乾隆年间,虽经历史的风风雨雨,至今还大部分完好,现存最大的“和致楼”,主楼面阔54.2米,进深51.3米,占地2780.46平方米,不难看出当年雄伟壮观,典雅华丽的盛况。

厚墙,是适中土方楼的共同特征。每座楼房都以厚厚的夯土墙为外墙,围筑成方形,内墙也是用夯土建成。这与永定、南靖的土圆楼用木质隔断有明显不同,当地公认最古的“古风楼”,坐落在中心村,外墙厚达1.4米。

适中土方楼的另一特色,每座楼内部都有天井,在天井的处理上,有的尚作“露天广场”,有的还置建房舍,形成“楼包厝”;有的还建成二层楼,形成“楼包楼”。现存的“典堂楼”“和致楼”“长春楼”“太和楼”“善太楼”等最为宏大华丽,形如城廊。

江南悬空寺大慈岩

大慈岩,素有“江南悬空寺”之称。它位于建德市境内,是富春江—新安江国家级风景名胜区的一个重要景点。大慈岩主峰海拔586米,形如五指弓曲成拳状而名“一拳峰”。据建德县志记载:“岩高数百丈,四面玲珑,宛如民屋,内有石笋从地涌出。元大德年间,临安人莫家渊弃家于此,琢石为佛,号大慈。”自此更名为大慈岩。

大慈岩主要以山景取胜。大慈峰悬崖绝壁,高耸入云;杨塘岩险峻陡峭,蔚为壮观。登山石阶沿山沟涧流盘旋而上,使大慈岩因峰而雄,因水而灵。山间原有大慈岩寺,建于元大德初年。寺距山顶约200米,此处崖壁高逾百米,形如刀削,崖壁中部凹进,寺庙、禅房就依山形而建,一半嵌入崖壁,一半凌空于崖壁之外,颇具悬空之势。寺前留有古银杏一棵,胸径达1.30米,树龄逾300年,荫如华盖。

十多年前,大慈岩景点的开发建设者们创造出“悬岩、幽山、幽水、幽谷、幽香”的特色,在“悬”字上做文章,开设“悬空栈道”“悬空亭廊”“悬空蹬道”“悬空缆车”,从而使大慈岩成了名副其实的“江南悬空寺”。尔后,为了充分利用长谷溪流的独特景观,又在山顶筑池蓄水,使水长流瀑常啸。而今,“萝黛烟云”“溪泽留客”“长谷探胜”“慈岩问渊”“雾里锁翠”等景点已初步建成。沿长谷登临,山道弯弯,两旁浓荫蔽日,溪流蜿蜒曲折,伴你一路上崖顶。上得崖来,楼台亭阁横空出世,恍若空中楼台。

大连圣亚海洋世界

圣亚海洋世界日前在大连建成。它拥有海底通道长度 118 米,居亚洲第一位,代表世界一流水平的水族馆,它的建成,标志着我国的水族馆建设已跻身于世界先进行列。

圣亚海洋世界设有海洋世界展厅、海底通道水族馆、舰船展厅、海洋科普厅及海洋文化图书馆、海洋电影院等。作为海洋世界的主体——海底通道水族馆,造型独特,工艺精良。巨大的拱型玻璃做成的展缸,玲珑剔透,极富立体感。200 余种,7000 余尾形态各异、色彩迷人的珊瑚鱼以及海葵、小虾、畅游在 4000 余吨经过净化、调温、高清晰度的海水中,游人走到这里,恍若置身于旖旎、斑斓的水下龙宫,感觉到大自然的美丽与神奇,从而不知不觉地油然而生珍爱海洋、保护海洋之慨叹。

大连圣亚海洋世界不仅仅是一个全新的具有世界先进水平的旅游景观,更重要的是她担负起传播普及海洋科学知识、灌输海洋国土观念、倡导海洋环保意识,关心下一代健康成长的社会和历史意识,关心下一代健康成长的社会和历史责任。海洋文化图书馆配有专门教室、专职教师并编撰相应教材,以满足人们探究海洋知识的需要。海洋电影院利用现代科技表现手段,形象地再现海洋文化,适时她放映以大海为主题的电影、电视剧、电化教学片,使之成为青少年学生的第二、第三课堂。舰船厅,以仿真模型生动地展示我国古代和现代的航海、海战史,藉此激发人们保卫海疆、捍卫海权的神圣热望。

青岛海产博物馆

我国第一座海洋世界博物馆——青岛海产博物馆，坐落在青岛市滨海鲁迅公园，她以丰富的海洋动植物展现了占地球70.8%面积的海洋世界。

青岛海产博物馆的前身是青岛水族馆，1932年建成。新中国成立后，青岛市政府十分关心水族馆的建设，投入大量资金发展更新，形成了今天这样规模庞大的海洋科学知识博物馆。

海产博物馆由水族馆、南极馆、陈列馆、海洋科技馆组成。水族馆分上下两楼，每层四壁的展池和中间洄旋槽，展出海洋各种活鱼、虾、贝几百种，以科学的管理方法，使这些鱼、虾、贝常年在这座陆上龙宫生活自如，也使游人如入海洋之中，海洋奇景尽收眼帘。在陈列馆里则是各种海洋动植物标本，有壳长两米多的棱皮龟、鱼中之王鲸鲨、齿鲸之王抹香鲸、海狮、海狗和色彩艳丽的珊瑚礁鱼、五光十色的螺、贝，光怪陆离的珊瑚以及海参、鲍鱼、对虾、真鲷等珍品4000多种，陈列在4000多平方米的四个大展厅中。1989年新建成的南极馆，展出1987年2月在中国南极长城站的南极捕获象海豹和两只可爱的南极企鹅以及南极各种海产动植物，使人们仿佛步入神奇的南极冰雪世界。

中国民族博物馆

朝鲜族民族博物馆 在吉林省延边朝鲜族自治州龙井市东山上。馆内展出100多年来延边朝鲜族家庭生活中的各种实物，有各种铁器、瓷器和木器。还陈列了朝鲜族祖先早在2000年前景已开始使用的织布机。在古籍陈列室里有朝鲜族310个姓氏和1580余件民俗文物，整理了近50万字的有关文字资料。

壮族博物馆 位于广西西南部的靖西县，是广西的主要壮乡，这里99.6%的人口是壮族。在历史展室里，展出1万年前壮族祖先留下的九颗牙齿，还有壮族妇女穿的各种服装，特别是名为“三层塔”的黑色短衣长裙的服装，蓝色、黑色的头巾，壮族新娘戴的凤冠等。

彝族奴隶社会博物馆　座落在四川凉山西昌市。馆藏文物和陈列品分9个部分展出，真实地记录了凉山彝族奴隶社会的历史原貌、传统的文化艺术、大小凉山的风土人情。馆内陈列近2000多件文物，展现了凉山彝族人从奴隶社会跃入社会主义社会的历史进程。

赫哲族博物馆　在黑龙江省同江市，共有四个展厅，展出面积250多平方米，展出78件出土文物中，有6000多年前赫哲族人使用过的石斧、陶罐等，还有鱼皮衣裤、桦皮船、狗拉雪橇等，此外，还有118张反映赫哲族渔民的宗教信仰、文化艺术，新生活的照片。

汉民族博物馆　山西襄汾县丁村（著名旧石器时代中期文化遗址），是我国第一座汉民族博物馆，馆内陈列着以实物为主的民俗展品，配以照片、图片、模型、录音等，再现晋南一带民间历代相沿的习俗，清末民初以来民间婚姻嫁娶的礼仪等。还展出晋南民间建筑、文化、风俗的实物。

民俗博物馆　我国第一座以都市民俗为内容的博物馆在苏州建成。展品300余件，分为婚俗、节俗和食俗三部分。我国第二座民族博物馆，建成四川江安县锡家山古庆园内，该馆分为节俗、婚俗、病葬、民间艺术、生产工具五部分，展出各类民俗实物4000余件。

“毛泽东之路”缩微景园

在韶山泽东故居以北约500米处的山林坡地上，一个占地210多亩、投资2200多万元的“毛泽东之路”缩微景园已竣工开放。

“毛泽东之路”缩微景园选择了毛泽东一生中重要足迹的14处，兴建纪念建筑，作为毛泽东韶山故居的延续。景园内依次按1:1修建了长沙第一师范学校（以深12米的水井和井亭为象征），中央“一大”会址——南湖游船，中共湘区委员会旧址——清水塘，武汉农民运动讲习所，井冈山毛泽东旧居——八角楼，沙州坝水井，枣园毛泽东旧居，西柏坡毛泽东旧居；按1:2建成了黄洋界纪念碑，沙洲贝毛泽东旧居，泸定铁索桥、延安宝塔;按 1:10 仿建遵义会议旧址,按 1:15 仿建天安门城楼。景园内的主体建筑是占地 5000 多平方米的“韶山毛泽东主席纪念堂”。

长征遗迹

为纪念红军长征胜利 60 周年,寻觅当年红军留下的遗迹,进行革命传统教育。这些遗迹,有的已成为名胜景观,现介绍如下:

长征第一山 江西瑞金县高围山乡东山的云石山,是红军长征出发前中央政治局的驻地。1934 年 10 月 18 日,中央领导机关离开云石山,指挥红军踏上长征路。

遵义会议会址 1935 年 1 月红军第一方面军到达遵义后,中共中央于 15—17 日召开了政治局扩大会议,会上确定了以毛泽东为代表的新的正确的中央领导,为红军胜利完成长征奠定了基础。

娄山关纪念碑 在遵义大娄山中,是红军于 1935 年 2 月 25—26 日与黔军激战的地方,毛泽东填写的《忆秦娥 · 娄山关》镌于雄关的大理石碑上。

红二六军团会师纪念碑 1934 年 10 月,贺龙、关向应率领的红二军团与作为中央红军长征先遣队的红六军团在贵州印江县会师,尔后挺进湘西,有力地配合了中央红军的长征。

红军强渡大渡河遗址 在四川石棉县西安顺场,1935 年 5 月 24 日,红一方面军以 18 勇士为先导强渡大渡河,现立有强渡大渡河纪念碑。

泸定桥 在四川泸定县城西,由 13 根铁链组成。1935 年 5 月 29 日,红军以 22 名勇士为先导通过此桥。

彝海结盟遗址 在四川冕宁县拖乌彝族自治区。1935 年 5 月,红军为打开北上道路,与彝族同胞结为盟友,并顺利通过彝族居住区。

腊子口战役遗址 在甘肃迭部县城西北约 120 公里处。1935 年 9 月

6日，红军一举突破国民党重兵把守的隘口，打开了通往陕甘宁革命根据地的胜利道路。

六盘山 主峰在宁夏固原、隆德县境内。1935年10月7日红军翻越此山，毛泽东为此写下了气壮山河的诗篇《清平乐·六盘山》。

会宁会师遗址 在甘肃会宁县城。1936年10月8日清晨，中国工农红军第一、第二、第三方面军三大主力胜利会师于此，二万五千里长征胜利结束。

旅游胜地之“奇”

台湾六奇

一、三代同根 一个大家庭可以三代同堂，四代同堂，但尚不曾有三代同根的树。台湾阿里山中，有一株奇特的三代木。第一代已仆地腐朽，只留下干老壳空的树根；第二代尚存一线生机；第三代生长在第二代上，已经枝繁叶茂，高达三四米，三代共有万余年树龄。

二、河用溪名 翻开台湾省的地图册，河名几乎全是甘溪或某某溪，如浊水溪、大肚溪、曾文溪等等。全台湾只有北部有一条淡水河是用“河”名，可谓奇事。其实并不奇怪，台湾岛面积不大，却兼有山地、平原，山脉高居中央，且主峰玉山为我国东部最高峰，河流比降大；台湾岛东西狭窄，南北较长，大多数作东西流向，故河流短小湍急而以溪名之。

三、黄金城不产黄金 旅游胜地九份位于台北附近。清末，一位当地人的偶然发现掀起在九份淘金的狂潮。虽然方法简陋，但也曾日产黄金一万两，因此被称为黄金城。《中日马关条约》后，日本侵略霸占金矿，大肆掠夺，曾日产黄金三万两。黄金资源日见枯竭，最终开采殆尽，只留给九份一个废矿堆。

四、水往高处流 台湾省台东县效，有一小溪，水清见底，顺溪不远的一石板桥边，立有一石碑，一面刻有“奇观”两个大字，另一面刻有：“古人说：‘人往上爬，水往下流’，但本县民间却传说有一处水往上流的奇观，信不信由你。不过百闻不如一见，奇观就在眼前。”水在石板桥下消失，却在不远处的高坡上出现了。顺溪上行，人在爬坡，水也在爬坡，据估计水大约向上爬升了两米多。即使这样，也是罕见的奇观，只是原因尚有待于进一步研究。

五、一年四季戴口罩 台北是台湾省最大的城市，人口密集，大量交通车辆奔驰在市内道路上，排放出大量有害物质；工业发达，但污染十分严重，空气中尘粒众多，因此路上行人一年四季都戴着口罩，以防有害物质吸入体内。

六、水火相容 台湾台南关子岭温泉为台四大温泉之一，它在喷水的同时喷出烈焰，高达丈余，水不淹火，火不下水，水火相错，常年甘泉不断，烈焰不息，是水火相容的一大自然奇观。

阿里山风光五奇

云海壮丽 看云海最好选择在下午 4 点左右，在二万坪这个地方。从车窗西望，但见万道金光簇拥着夕阳，大雾从塔山那边弥漫上来，吞没火车，顿时天地朦胧。火车继续前行，人们如从水汽中冒出来，定睛一看，只见无边无际的一团团白云如潮涌于足下，淹没千山万岭，反射着耀眼的阳光；露在云海上的山峰尖、树木，好像一座座浮屿。云海有时像流水流动，有时如狂浪翻腾，高潮迭起。西斜的太阳照得云海闪耀出千万种色彩，变化无穷。过了不久，云海才渐渐平静，好像大海退潮，岛屿浮起，转眼之间，夕阳隐到塔山背后，明月带着夜色从云海之东升起。

林涛神木 乘火车上阿里山是一次奇少的森林旅行，只花几小时就可以饱览热带、亚热带、温带和寒带四大类型植被景观。过独立山之后，地形突然变得复杂，森林越来越密，大片竹林，以及楠木、油松、罗汉松密盖山坡。接着,人们还可看到红松、扁柏、亚杉、铁杉、松树,林涛澎湃,壮阔无边。著名的一株红桧被称为阿里山"神木",树龄已超3000岁,据说这株树比美洲巨形"世界爷"年轻一点,所以被称为"亚洲树王"。

遍野樱花 樱花最盛处在阿里山中心,而且品种繁多,但绝多大数是野生的。阳春时节,在座座山林与村落里,到处可见艳红的樱花,它们把森林点缀成一片锦绣,给阿里山穿上了春天的盛装。

祝山日出 祝山上有观日楼,游人可在阿里山过夜。日出前一小时出发,高举火把向祝山峰顶攀登。爬到祝山观楼时,天色微明,东方微露一抹红霞,逐渐展开,弥漫开空。刹那间红光蓦地增强,太阳出现在祝山上,一道道桔黄、绯红、金色彩霞十分耀眼。几分钟后,早晨的大地,展示出新一天的生机。随后,彩云披上山腰,林中鸟儿开始歌唱,清晨的乐童由此奏起。

螺旋铁道 嘉义到阿里山的森林铁道是用"螺旋形铁道"和"伞形齿轮直立汽缸式火车头",这种设计是铁道史上的创举,曾被人说是"疯狂的设计"。铁路全长仅70千米,由海拔30米上升到2450米,许多地段每千米爬高60米,坡度之陡举世罕见。火车从山脚启程,似上"螺旋梯"盘旋而上。铁路好像一个大弹簧圈,一半露在山坡,另一半在山腹的隧道中,往往一座山要转三四个圆圈。最险的时候火车又绕山,又钻洞,在"之"字形轨道上忽进忽退,过桥时,鸟儿与火车并行在山岩边飞翔,游人乐在险要的风光中。

紫禁城四奇

一奇,传说房屋有9999间半。紫禁城内为什么不建在1万间整数呢?据说玉皇大帝才可以享用1万间房,作为人臣天子的皇帝,绝不能与玉皇大帝并驾齐驱,于是只好修建成9999间半。

二奇,三希堂虽小,但是在建筑上采取了影响视觉的方法。整座房子地面铺满白地蓝花瓷砖,里间又设置了一幅壁画,画中景物与室内相似融为一体,房子显得宽阔了。

三奇,实心房。紫禁城内共有 4 排这样的房子,这些房内建筑用料都是石头,且表面均绘有彩画,它是建筑匠人精心设计的一道道防火墙。

四奇,钦安殿前的石刻。紫禁城内御花园里钦安殿前的玉石栏杆上,雕满了海妖水怪,鱼鳖虾蟹等。在威严的紫禁城里,为什么出现这类低等生物的水族石雕呢?据说原来钦安殿里曾住过一位真武大帝,嘉靖年间,一次钦安殿失火,多亏真武大帝及时率领龟工蛇匠前来扑救,大火方被控制。

古塔"四绝"

树中之塔 云南普洱县东北 20 多公里,有座一丈多高、砖木结构的塔,远望可见塔尖,近看塔却被一棵大榕树包围了。据考证,这座佛塔在 100 多年前建成后,有棵小榕树紧贴塔身破土而出,终将整个塔包了进去。

常新之塔 广东德庆城东白沙山上,有座建于明代万历年间的三元古塔,抗日战争期间遭火焚,每层塔的楼板均被烧尽,塔身内外却鲜艳如新。据考察,塔身全部采用银朱材料,银朱是一种不溶于水又不易氧化的矿物颜色,因而能经久不褪。

无畏之塔 350 多年前,山西灵丘一带曾发生一场震中裂度为 9 度的地震,各种建筑物大批倒塌。位于该地区应县的 67 米高的佛宫寺释迦塔,却巍然屹立,丝毫无损。1926 年,军阀混战,这座塔又遭 200 多发炮弹击中,仅毁坏一些斗拱和檐柱,塔身安然矗立。

蛙鸣之塔 站在河南洛阳市的齐云塔的东西南北面,用力击掌,都会听见此塔发出蛙鸣声。其实,这"蛙鸣"是人们击掌的回声,这回声是每层塔檐一连串回声的叠加和延续。

虎丘三绝

苏州名胜虎丘山,高只有 30 多米,面积仅 20 多公顷,它之有名是因为此山与其他名山相比，有许多的与众不同之处，其中“寺里藏山”“千人石”“虎丘剑池”堪称三绝。

虎丘山曾是春秋战国时吴王的行宫，其间吴越春秋遗迹比比皆是，历史上著名的人物：吴王阖闾、越王勾践、军事家孙子、大画家唐伯虎、学者柳亚子等都与此山有关。要说起虎丘的神奇之处，更是无数。

“寺里藏山” 当游人们游览虎丘，沿着唐代大诗人，苏州刺史白居易开凿的七里山塘西行，远远便可望见虎丘塔的秀姿。但当您来到它的山麓，见到的却是一座黄墙黛瓦，飞檐翘角的寺院。这座寺院名叫“虎阜禅寺”，寺院的山门共开着三扇门，中间为正门，两边为对称的两扇边门，门楣上分别镶嵌着“青山”“绿水”，皆是砖雕，正门上方挂着一块巨匾，匾上红底金字赫然写着四个大字：“虎阜禅寺”。哇！好大的一座寺庙呀！但当游人进入虎阜禅寺的山门后便更觉得有趣了，原来这寺院里藏着一座山呢，这山便是虎丘山。寺里藏山为虎丘所仅有，宋代方仲荀曾以“出城先见塔，入寺始登山”的诗句，描写虎丘浮图当空，寺里藏山的特色。“老僧只恐山移去，日暮先教锁寺门”的诗句则更见风趣，当称一绝。

“千人石” 是虎丘的中心，气势雄伟，宛如一个巨大的浅盆底部，为一块刀削似的平坦大磐石，它由南向北倾斜，中间两大块岩石凸起，顶面平坦，四壁一如刀切，实为罕奇。据《虎阜志》载：清康熙二十三年，康熙皇帝南巡到苏州，十月二十七日游虎丘。康熙兴致勃勃地登上虎丘悟石轩，眺望千人石，他问道：“此石可坐得千人？”陪同康熙游览的虎阜禅寺方丈连忙启奏道：“怪石千人坐，灵池一剑沉！前人有此种说法。”康熙见“千人石”上的游人远不止千人，不禁感慨万千地赞叹道：“如此人多，万人也能容得呢！”康熙的话真是不错，这块虎丘山所有的硕大磐石，全国罕见。尤令人称奇的是，此石色呈殷红，到了下雨天，石上的殷红色更显突目，犹如鲜血浸渍。相传此石殷红是因为当年吴王在虎丘是山上筑墓，墓成，吴王怕秘密泄露，于是他集筑墓工匠千余人在千人石上饮酒看鹤舞，至深夜将工匠全部戳杀，点点鲜血，渗透岩石，成紫斑驳影痕，此石也就成了千古奇石。

“虎丘剑池” 虎丘最神秘，最吸引人的古迹便是剑池。从千人石朝北望去“别有洞天”的圆洞门旁有“虎丘剑池”四个大字。这四个字与人同高，笔力遒劲，为唐代大书法家颜真卿所出。进入“别有洞天”园洞门，顿觉“池暗生寒气”“空山剑气深”，气象为之一变。触目便能见到两片陡峭的石崖拔地而起，锁住了一池绿水。剑池，池形狭长，像一把平放着的宝剑。当阳光斜射水面，给人以寒光闪闪的感觉，即使是酷暑炎夏，也感到凉飕飕的，水中照出一道石桥的秀姿。抬头望去，拱形的石桥飞悬半空，十分奇险。石壁上长满苔藓，藤蔓野花又像飘带一样的倒挂下来，透过高耸的岩壁，仰望塔顶，有如亲临深渊之感，使人倍感神秘的是，剑池石是吴王的墓；之所以称剑池还因为墓中藏着呈王生前喜爱的“扁诸”“鱼肠”三千宝剑，秦始皇欲得宝剑，但莫如所在，其凿处遂成深涧，后来演变为“剑池”，剑池之奇，为它山所无，号称天下一绝，一点也不夸张。

张家界三奇

张家界山奇、水奇、云奇、树奇、石奇以及珍禽异兽，无不体现一个“奇”字。

奇怪的月亮

天子山月亮垭，在春夏季的每月中旬，久雨初晴的晚上八九点钟的时候出现圆圆的月亮，像早晨初升的太阳，血红血红。红色的光环，把贺龙公园、石家檐、神堂湾一带照得通红。如晨曦初照，给那直插云霄而静谧的大峰林，染上一层金色。此现象可持续一个多小时。1984 年，作家莫应丰等人来此看到红月亮时，以为自己看到是太阳。

奇怪的影子

秋天，当游客从水绕四门至张家界，沿溪而上观赏五步一个景，十步一重天的景观时，溪水哗哗，鸟鸣蝉叫，山花飘香，野果串串，如诗如画，好不惬意。若遇上秋高气爽晴空万里的好天气，你会惊讶地发现，你的影子由一变二，由二变三，人动影随，影随人至。

奇怪的光环

在神堂湾与贺龙公园之间的风景地段，有一高约 200 米的石柱，峰顶叠翠，两个小石峰中间嵌着一块小石头。这块神奇的石头和石峰，每年出现一次奇迹——发一次光。光亮就像烧电焊那样，火花四射。光芒照亮了神堂湾一带，把整个西海照得宛如白昼。其光由小到大，约持续三四分钟。最后由强变弱，再慢慢地消失。

中国奇碑大观

无字碑 著名的无字碑有两块：一块在泰山极顶的玉皇殿门外，碑高6米，宽1.2米，相传是汉武帝所立。据说汉武帝认为自己的丰功伟绩难以尽言，故以无字碑昭示天下。另一块在陕西乾陵，是女皇帝武则天所立。

戒贪碑 宋太宗登基后，曾下令大小各衙门都要在衙门里竖立一碑，刻上“尔俸尔禄，民膏民脂；下民易虐，上帝难欺”16字碑文，旨在警戒为非作歹、贪脏受贿的官吏，故名戒贪碑。

家训碑 北宋名臣包拯，家中堂屋的东壁竖立一块石碑，碑上刻的是包拯的遗嘱家训：“后世子孙仕官有犯赃者，不得放归本家，亡殁之后不得葬于大茔之中。不从吾志，非吾子孙。”传说此碑系包拯儿子遵其遗嘱所立。

仙方碑 山西稷山县博物馆有一石碑，碑上刻着唐代著名医学家孙思邈的药方180个。此碑地清代道光年间，人们有了病都爱到碑前寻医问药。照方吃药，大都痊愈，故人们称该碑是不会说话的医生，名之曰仙方碑。

戒赌碑 四川广邡市发现清代刻的戒赌碑，碑顶镌刻有“禁止赌博”四个大字。碑文中有“此弊不除，终遭其害”“有乱于风俗”以及“地方净弟子贤各务正业，岂不美哉”等劝戒赌博的有益词藻。

记恶碑 唐玄宗时，太守卢兴善于治世，对怙恶不悛的豪强除重处外，还把其所犯罪状刻石碑竖在犯人家门口，以示警戒。犯人如能改过自新,则可将碑推毁。后来,人们称这种碑为记恶碑。

隐形碑 四川仁县有两块石碑看上去并无刀刻墨写之痕,但当泼水其上时,右侧碑文即现楷书大字;左侧碑右侧显现一幅《墨竹图》。

世界第一大峡谷奇光

雅鲁藏布江大峡谷被一些学者称为“地球上最后的秘境”。这个位于中国西南的大峡谷因其水力资源丰富、植被物种齐全、地质条件复杂以及人迹罕至而闻名世界。

“桃源”胜境 这些桃花林多半生长在工布江达县河岸江畔的农耕带。桃林中有很多百年、数百年的老树。有的主干直径达1米,高达一二十米,满树灿烂明艳的花朵,给人以生生不息的强烈印象。苍老的大树旁,新生的一棵棵小桃树又茁壮成长起来,在微风中摇曳着柔枝。近景桃花麦地,中景河流青山,远景冰山雪岭,在醉人的蔚蓝色天幕的映衬下,构成了一幅幅绝美的画面。

大峡谷 雅鲁藏布江大峡谷呈U字形大拐弯的顶端——扎曲。她是一个门巴族群众聚居的小村落。出村前行200米左右,便是雅鲁藏布江大峡谷。临崖下望,深切四五百米的雅鲁藏布江涛声隆隆,浩荡的江水围绕一个高耸的植被茂密的马蹄形山体,由西向南流去。用尼康16毫米的镜头,在这里可以完整地摄下大拐弯的雄姿。从扎曲村的一个崖顶向右下望,可见一个与雅鲁藏布江大峡谷几乎一样的大拐弯地貌出现在眼前。原来,这就是雅鲁藏布江支流帕隆藏布江的大拐弯。有的科研人员说,两个完全呈马蹄形的充满韵味的大峡谷如此靠近,这在世界上绝无仅有。

世界之最 中国科学院有关专家说,以深度和长度名列世界峡谷之首的雅鲁藏布江大峡谷,河流穿过两座海拔7000多米的高山谷底,围绕南迦巴瓦峰形成一个奇特的U字形大拐弯,山高谷深,水流湍急。从派到巴昔卡的496.3公里的下游河段,河流天然落差达2755米,居世界各大河流首位,尤其是从派到墨脱,212公里的河段,两地直线距离不足40

公里，水面高差却达2230米，加之派附近的多年平均流量为每秒1900立方米，从而使这里成为世界上水能资源最丰富的地区，在这里可以兴建装机容量约4000万千瓦的水电站——若能成为现实，它将成为世界上电站容量最大的超巨型水电站；这里是世界生物的样性最丰富的峡谷谷地，被誉为世界山地植被类型的天然博物馆；这里还是世界热带山地气候分布的最北界。中国科学院部分院士认为，我国发现雅鲁藏布江大峡谷是世界第一大峡谷，是20世纪末国际上一次重大的地理发现。

神州奇景“一线天”

“一线天”，又叫“一字天”，是指从石缝中仅能观看到的一条苍苍蓝天。这一自然景观，在我国许多名山景区都可以看到。

黄山“一线天”：处于登五屏山的要道上。一段道路正处于两峰之间，狭长如巷，两侧石壁高约30余米，有80多级坎坷的石阶铺砌其中。其最窄处不足半米，只容一人通过，曲折如蚁穿珠，游人反而觉得其乐融融。

华山“一线天”：它是在悬崖上开辟出来的一条险道。这条宽不到1米的人工石缝，凿石370余级，坡陡达80度，游人必须攥紧铁链攀援而上。唯一可见天日的，就是那个刚够你身子钻出去的洞口。

永安桃源洞“一线天”：此处高约140米，宽1米到1.4米，长120多米，从顶到底；由直立到80度倾余。此景在东南沿海一带是首屈一指的景观。

雁荡观音洞“一线天”：从洞口拾级而上，要走完377级石磴，方可到最高层大殿。越往上行越觉和气势宏伟。仰望洞顶，只可见一线天光，因之得名“一线天”。自古有“挟飞仙游半天”之说。

苏州天平山“一线天”：这里是登山必由之路。双崖壁立，相对如门，挺拔高耸，势极险峻。远望似无路可通，走近则可见一条窄道，只容一人沿石级侧身攀登。游人至此，森罗肃然，暑气顿消。

小东山“一线天”：在海南岛万宁县的小东山，由两块巨大的花岗岩构成，其狭缝窄到连一个人穿过也要侧着身子才行。游人到此，顿感妙趣横生。

太姥山“一线天”：我国最长、最险要算大龙井“一线天”。在将军洞与葫芦洞之间，在洞内可见天下奇观“三线天”，即三个“一线天”平行排列在一起，十分奇妙。

九华山“一线天”：位于九华山天台正顶，有两块6米高的巨岩对立，中间留出宽度1米，纵深5米的石隙。游人擦肩挤入，倚壁顾盼，前、后、上方都是碧空一线，煞是有趣。

泰山奇观

泰山，谷幽壑深，壁立千仞，在雄伟的阳刚之美中，蕴含着奇、险、秀、幽、奥、旷等美，其自然奇观颇多，现择要记之。

旭日东升　为泰山自然奇观之冠。由于泰山的高度及光的折射作用，每年夏至或冬至前后，有三四个月时间，夜间若晴朗无风，翌日清晨便能看到辉煌壮丽的海上日出，还能看到世界罕见的日珥。

云海玉盘　在泰山变幻莫测的云海中，岱顶似海中仙岛，又似大玉盘中的仙果，当白云缠绕山腰，便状如腰间玉带，这就是云海玉盘。

夕阳玉照　出现于泰山极顶晴天的傍晚。夕阳西下时仰望西天，便看见这种日落奇景。夕阳穿云下沉，云朵五彩缤纷；待夕阳沉入云底，天际、云朵、峰峦一片火红，壮丽无比。

黄河金带　在天高气爽之日，从岱顶远远望云，黄河像一条金色的带子延伸在西边天际，黄白相间，似金银织就，闪闪烁烁。

碧霞宝光　多出现在碧霞祠东、西、南诸门外的云雾中，俗称佛光。若遇浓雾或密云，背光细察，便见云雾经强光照射而衍生出一个彩色光环，其中央晃动着自己的身影，彩带呈七色，有时可见到双环，持续几十分钟，绚丽动人。

雾淞雨淞　冬日，岱顶气温常在零下20℃左右，潮湿气流成雾，在树枝、房顶、岩崖上冻结，形成茸毛状蓬松冰粒层，晶莹闪烁，这是雾淞。雨凇是细雨落在物体上形成的光滑冰层。雾凇和雨凇使整个岱顶变成琉璃世界。

天门云梯　南天门处于登山中轴线的顶端,门下石壁谷中有盘道,俗称十八盘。十八盘垂直高度为400米,坡度平均为45度。游人仰望南天门如天上琼阁,十八盘如云梯悬空,时隐时现。

华夏斜塔

虎丘斜塔　在江苏省虎丘山上,建于五代周显德六年(公元959年)。8角7层,砖建仿楼阁式。现塔身上下偏移达2.82米,国际上一些建筑学家称它为"中国的比萨斜塔"。

绥中斜塔　辽宁省绥中县,为辽代所建砖塔,高8层10米。30年前测量,塔身斜度已达12度,超过比萨斜塔两倍多。

护珠斜塔　在上海松江县天马山中峰,建于北宋元丰二年(1079年)。砖结构,7级8角。今塔侧向东南,倾斜度超过比萨斜塔1.5度。

归龙斜塔　在广西崇左县左江的江心布岛上。5层6角,高25米,塔身倾斜一米左右。据专家考证,这是筑塔匠在筑塔时,考虑到江心负力及地基的因素有意筑斜的。

玉泉斜塔　原名如本舍利塔,位于湖北省当阳县玉泉山上。建于北宋寿六年(1061)。塔基为特制青砖砌成,塔身全为生铁铸造。高18层21米。现倾斜度为1.5度。

怪塔种种

蛙鸣之塔　河南洛阳白马寺素称"天下第一寺",寺旁有800年前所建齐云塔,塔高24米,每当人们在离塔20余米处击掌时,塔中便立刻传出青蛙鸣叫之声,且越来越响,大有"十里蛙声"之妙。专家称,此塔各层的塔檐底面能把掌声"聚集"成"蛙声"。

冒烟之塔　河北涿州雨古塔,每逢晴天,便见塔顶"青烟缕缕,如燃天状”。原来是当地特有的蚊蚋被塔内散发出的独层,塔身上大下小,形似翻转的倒塔。

果树之塔 湖北省麻城九龙山,有7层6角古塔,塔中盘生巨柏一棵,罩满塔身,枝叶自拱檐间森森而出。

树抱之塔 云南普洱县普济寺中,有一古塔被一棵大榕树紧抱,塔身不可观,唯露塔尖在树梢。寺僧笑言此榕树也崇佛法,故抱塔不舍。

倾斜之塔 上海松江天马山中峰的护珠塔,因遭火灾及被人盗挖底层碑块,在百余年前即开始向东南方向倾斜,至今其倾斜度已超过意大利比萨斜塔,远远望去塔影欲倒,堪称一绝。

神奇的七百弄

在红水中游的大化县境内,有个神奇的地方,那就是“七百弄”。这里石灰岩广布,形成了十分壮观的喀斯特地貌景观——高峰丛深洼池,这是我国著名也是世界罕见的高峰丛深洼地典型发育区。

七百弄地处云贵高原东南边缘的箱状背斜构造带上,水平层状的石灰岩“X”型节理十分发育,形成深筒状的岩溶负地形,使峰丛洼地间高差悬殊。峰丛基座相连,形态各异,雄伟壮观;洼地呈封闭状的圆形或椭圆形,大小不一,成串珠状分布于峰丛之中。在215平方千米面积的“七百弄”(实为1037个弄场)有192个高峰,94个深洼地,平均每平方千米有2.5个深洼地。峰洼之间层层相套,洼中有洼,洼中有洞,洞中套穴,规模宏大。它不仅记录了桂西北红水河流域大石山区地壳演化的历史和生态环境的变迁,还记录了生物的演化,人类和社会演变的史实。“七百弄”塑造了一个千姿百态、类型复杂的喀斯特地貌。加拿大皇家学会院士,前国际洞穴协会主席D·福特教授说:“毫无疑问,这肯定是世界上最陡最深的大洼地。”而中科院的地理专家们则把“七百弄”与云南的“石林”、美国的肯塔基州猛犸洞国家森林公园相提并论,认为这是中国西南地区最有“魔力”的喀斯特景观。

在洼地中,聚居着由瑶、壮民族组成的村寨。这些村寨三五成群、错落有致,分布在深幽的洼地底部,掩隐在群山环抱的绿树丛中,从山顶或山腰的公路俯视,但见炊烟袅袅,鸡犬相闻,却令人可望而不可及。千百年来,这些少数民族祖祖辈辈用自己勤劳的双手,在这几乎与世隔绝的深山老林里,“日出而作,日落而息”,世代相传,过着“世代桃源”的山野田园生活,创造了独特的民族文化。置身于此地,令人感到尘世烦扰顿消,似有超凡脱俗之感。这就是人与自然结合的美妙世界。

“七百弄”这块集自然美学、极具观赏价值、科研价值于一体的人类社会遗产,目前已被列为“广西红水河——七百弄风景名胜区”,这标志着红水河不再是那古老传说中的红水河,“七百弄”更不是神秘的地方了,它将是人们进行科学考察、探险、览古观今的理想之地。通过旅游的开发,让更多的人们从深层去揭示这个“世外桃源”独特的民族生产生活方式和极强生存能力的人类社会环境的奥秘,让更多的现代都市人领略“七百弄”这块古老而神秘的人类生存环境的风采。

山奇水幻九寨沟

九寨沟位于四川省阿坝藏族羌族自治州南坪县境内,是岷山山脉万山丛中一条纵深 40 多公里的山沟,也是我国珍稀动物大熊猫和自然风景的保护区之一,距成都市 450 公里。因沟内原有 9 个藏族村寨而得名。九寨沟不仅具有鲜明的自然景观,同时兼有雪山、森林、湖泊的优美。沟中地僻人稀,风景特异,有“童话世界”之誉。尤其是高山湖泊,景色迷人。四周群山耸峙,怪石嶙峋,林木葱郁,数十座雪峰,高插云霄,终年白雪皑皑。从山间至河谷,遍布茂密的原始森林。大地数景点集中于“Y”字的三条主沟之中,纵横 50 多公里。错落分布在各条山沟的大小湖泊以及湖水溢流所形成的飞瀑、溪流,与雪山、森林掩映在一起,构成了一幅绝妙的“图画”,有如“世外桃源,人间仙境”。

“九寨美,美在水”。沟内有大小湖泊 100 多个,当地人称为“海子”。小者数平方米,大者几平方公里,最大的“长海”长达 7 公里。相传这 100 余高原湖泊是仙女送给她们情人的宝境。湖水碧蓝,清澈透明,人眼可看三四米深。湖底为沉积石,彩色斑斓,水藻繁生。湖水颜色因水的深浅、山色变化随天气状况的不同而有所不同。在太阳光的照射下,五彩湖、五花湖、卧龙海、熊猫、长海等秀丽的高原湖泊里呈现出蓝、黄、橙、绿各种色彩。每当天空晴朗之际,蓝天、白云、悬岩、雪峰、森林映倒湖中,水光浮翠,好似一幅栩栩如生的油画,对国内外游人有着无限的诱惑力。

由于地壳运动和长年的水流风蚀等原因,九寨沟的地势大都呈台阶式,湖与湖之间因湖水外溢,出现了许多瀑布,落差高低不同,相差悬殊,最大的诺日郎瀑布和树正瀑布,高约 30 米。那晶莹洁白的流水,沿着宽窄不一的树丛,穿林过滩,慢悠悠地流出,又从缝隙中飞流直下,犹如抛珠摔玉,白练升腾,银花四溅,山谷轰鸣,给幽静的山村注入了一派生机勃勃的活力。那些汩汩有声,水势平缓的瀑布,有的擦壁斜下,有的分流飞溅,真是美不胜收。

黄河入海景亦奇

黄河入海口位于山东省东营市,这里是一块正在开发的游览胜地。

黄龙入海气势雄　黄河夹带着大量泥沙,呈扇状汇入渤海。由于受潮水顶托,一部分泥沙积淀在河口,形成一道沙岗,人称“拦门沙”。因受河底沙岗的阻挡、迎面海潮的撞击,黄河突然昂身腾跃,宛如一条巨龙,夺门而出。蔚蓝的海面上,隆起一溜翻滚的黄流,真是河水不犯海水,黄蓝分明。

蓬勃生机处女地　黄河入海平均每年造陆地 3 至 4 万亩,广袤的处女地,土肥水丰,植被丰富,有野生植物上百种。芦苇植株高大,成片成林,秋天一到,叶黄穗白,芦花飞扬,如云似雪,成为黄河三角洲一景。这里有鸟类 187 种,属国家一级保护的有 5 种,属国家二级保护的有 27 种。这里,已成立了以保护湿地生态系统为主的黄河三角洲国家自然保护区。

日出日落景色奇　拂晓,站在平缓的海滩东望,幻境纷呈,东方泛白,在天水吻合之处,射出几道霞光,太阳跳出海面,红彤彤,黄灿灿,圆润似玉，嵌在云霞之中，景色迷人。傍晚，站在胜利黄河木桥西望，水天相接处，是一片分不清层次的火烧云，太阳缓缓地走向地球的边缘。

长堤锁海钻塔林立 在黄河入海口北侧，有一条宛若长城的大堤，这就是为保护油田开发而建的围海大堤。青石水泥结构，高 5 米，顶宽 10 米，柏油铺面，蜿蜒如巨龙横卧。堤外海浪翻滚，群鸥嬉戏，渔帆点点；堤内，钻塔林立，采油机昂头摆臂。天然美、人工奇，浑然一体。

夏日冰景奇观

盛夏是太阳的季节，但神州大地上却有几处不畏烈日的天然冰景，可成为避暑旅游的好去处。

吉林白山市郊有一个夏日冰洞，每当立夏，洞内便开始结冰，形成冰笋、冰帘、冰柱等奇景，直到立秋时才开始融化，而冬季洞中却又温暖如春。

云南昭通市南的炎山冷风洞，盛夏季节时洞外酷暑难当，而洞内却凛风刺骨，寒气逼人。到了冬季，洞内却又春意浓郁，阴溪水温高可沐浴。

四川巫溪县红池坝的冰洞又与众不同。据观测，只要当地气温在 15℃时，气温越高结冰越烈。洞顶上粗下细悬空倒立的冰柱直径约一米许，高达 8 米多，冰柱晶莹透明，游龙盘缠仪态万端，水滴顺冰柱下滑，刹那间即疑固成冰，使冰柱不断增粗。大柱四周数不清的小冰柱如粒粒银针倒悬，洞壁的冰瀑像四块天幕，有的如银河堤，有的如急流飞奔，有的如流溪垂帘，有的如清溪过涧，冰洞的穹隆顶部吊着大大小小的冰花让人目不暇接…

河南林县韩家洼的冰冰背，是一处十分罕见的地表逆季景观。这是一片裸露在地表的岩层，夏日岩上结冰，寒气袭人，而且天气愈热冰层愈厚。但到了天寒地冻的冬季，却又温暖如春，致使附近的桃花提前开放，成为奇景。

我国的夏日冰景奇观，还有河北张家口赐儿山冰洞、陕西西安翠华山冰洞、湖北神农架冰洞山冰洞、湖北五峰白溢寨冰穴等多处。这种显现极强的冬暖夏凉景观的成因目前仍还是一个科学之谜，令人难解。

旅游热线

教师必备知识丛书

名　山

黄　山

黄山位于安徽省南部的太平、歙县、黟县和休宁之间，面积约 1200 平方公里，有山峰 72 座。最高峰莲花峰，海拔 1800 多米。相传黄山因轩辕黄帝曾在山上炼丹而得名。

黄山自古以来就是游览胜地。明代大旅行家徐霞客游览了黄山之后，对黄山推崇备至，说："五岳归来不看山，黄山归来不看岳。"这句话的意思是：游过五岳归来，其他的山不用再看了；而游罢黄山连五岳也可以不看了。黄山确实不同寻常，它兼有泰山的雄伟，华山的峻峭，庐山的飞瀑，衡山的烟云，以奇松、怪石、云海、温泉"四绝"闻名于世，被誉为"天下第一奇山"。

自黄山的温泉上行 4 公里左右，就可以看见黄山的怪石了。那些凌空的巨石，或像报晓的雄鸡，或像步履蹒跚的老人，或像龟鱼对望，或像小兔观日，有的又极像一对放羊的小姐妹，千姿百态，维妙维肖。

在通往天都峰、玉屏楼的路上，更是奇险无比，令人难忘。这里有急速飞驰的云海，陡峭万丈的悬崖，还有从天而降的垂直石阶。玉屏楼附近的悬崖上，有几棵古老的松树，其中一棵名叫迎客松，还有一棵叫送客松，它们挺立在路边的峭壁上，似乎在热情地迎送着各方游客。

从玉屏楼向前走 3 公里，就到了莲花峰下，攀上峰顶就可以观赏日出。黄山观日出、望云海的理想场所是清凉台，古人在这里留下了不少诗篇。这一带还有梦笔生花、笔架峰、骆驼石、仙人下棋等胜景。

五　岳

五岳是东岳泰山、西岳华山、南岳衡山、北岳恒山和中岳嵩山的总称。因为泰山位于五岳之东，是五岳之首，所以古代帝王登基之初或太平年岁，都要登泰山祭告天地，举行封禅大典。汉武帝以后，各代皇帝对五岳不断追加各种封号。唐玄宗曾封五岳为“王”，宋真宗封五岳为”帝”，到了明太祖则封五岳为“神”了。这五座山的名气也就愈来愈大，山上的名胜古迹也特别多。自古至今五岳一直是中国著名的旅游胜地。

名列五岳之首的东岳泰山，位于山东省中部的泰安市，长约 200 公里，主峰玉皇顶，高 1524 米。山峰挺拔峻秀，雄伟壮丽，有“登泰山而小天下”的气势。山上有南天门、斗母宫、经石峪、黑龙潭、日观峰等古迹。泰山已有 20 亿年的历史，是一个由断层上升而形成的断块山。在漫长的地质年代中，许多山峰都被侵蚀化为平地，而由坚硬的花岗岩、片麻岩组成的泰山，却仍巍然屹立在大地上，难怪人们要用“稳如泰山”来形容基础的稳固，不可动摇。

西岳华山位于陕西省华阴县南，又名太华山。最高峰海拔 1997 米，像一柄利剑直刺天空。因为华山的北部是平坦的渭河平原，所以显得特别高峻。又因它险峻难攀，自古有“华山一条路”的说法。华山的莲花峰、落雁峰、朝阳峰、玉女峰和五云峰等山峰，都是旅游胜地。

南岳衡山位于湖南省中部。主峰祝融峰海拔 1290 米，在五岳最高峰中是个小弟弟。但是由于衡山的东面为低平的湘江谷地，山势却显得雄伟高大。衡山 72 峰中，最著名的有祝融峰、天柱峰、芙蓉峰、紫益峰和石廪峰。这些山峰经常笼罩在轻烟般的云雾里，给人以神秘莫测之感。

祝融峰之高，藏经殿之秀，方广寺之深，水帘洞之奇，有南岳的“四绝”。

北岳恒山位于山西省东北部，东至河北省境内，长约 150 公里。恒山主峰玄武峰海拔2017米，是五岳中最高的山峰。主峰之东为天峰岭，西有翠屏山，双峰对峙，浑水中流，地势十分险要。位于浑源县境内的悬空寺，建于半山腰的悬壁上，从下面望去，就像悬挂在空中一样，是北岳的一大胜景。

中岳嵩山位于河南省登封县北，主峰太室山海拔1440米，也是嵩山的东峰。中峰叫峻极山，西峰叫少室山，天下驰名的少林寺就在嵩山的西峰少室山北麓五乳峰下。

中国五岳

名称	位置	主峰(米)
东岳泰山	山东省泰安市	1524
南岳衡山	湖南省衡山县	1290
中岳嵩山	河南省登封县	1440
西岳华山	陕西省华阴县	1997
北岳恒山	山西省浑源县	2017

四大佛教名山

五台山、九华山、普陀山和峨眉山，是中国的四大佛教名山。

五台山位于山西省五台县境内，由五座山峰环抱而成。主峰叶斗峰，高3058米。五峰虽然很高，但它们的峰顶却很平坦，像一个个平台，所以称为“五台山”。因为这里气候寒冷，凉爽，又名“清凉山”。五台山向来寺庙很多，香火旺盛，现在还有显通寺、佛光寺、塔院寺、龙泉寺等四十多座寺庙。显通寺是五台山最大的寺院。寺里有一座明朝铸造的3米多的铜殿特别吸引人。佛光寺的建筑具有唐代风格，寺北文殊殿内供奉着一个骑着狮子的文殊菩萨像，传说中的文殊菩萨就在这里降临人世。五台山的最高处叫菩萨顶，站在那里可以尽情欣赏五台山的优美景色。

九华山位于安徽省青阳县，原名“九子山”，有99座山峰。唐朝大诗人李白曾为它写这一首诗：“昔在九江上，遥望九华峰，天河挂绿水，绣出九芙蓉。"从此,九子山就被称作:"九华山"了。这里景色迷人,环境清幽,而且有不少古刹。著名的建筑有肉身宝殿、百岁宫、甘露寺、吉祥寺等。肉身宝殿始建于唐朝,殿宇建筑十分雄伟。殿内有一个高约 17 米的木塔,七级塔身每层都设有八座佛龛,供奉着地藏王金色坐像。自唐代以来,九华山一直是地藏王的道场。殿中珍藏的佛教珍品——印度贝叶真经,已有 1000 多年历史了。

普陀山位于浙江省普陀县,是舟山群岛中的一个小岛。岛上有普济、法雨和慧济三大寺,十分庄严雄伟,是我国清代建筑群的典型。普陀山以供奉观音为主。岛上的紫竹林后面,有一个叫作潮音洞的古洞,是听潮声的好地方。当大海涨潮时,如同千军万马奔驰而来,使人感受到大自然的威力。潮音洞也就是传说中观音菩萨显现真身的地方,洞口有一尊石刻的观音像,并刻有"观音现身处"五个大字。普陀山风光绮丽,气候凉爽宜人,是避暑的好地方。

峨眉山位于四川省峨眉县境内,主峰海拔 3099 米,在四大佛教名山中是最高的。峨眉山的峰峦逶迤秀丽,如疏淡的长眉,自古就有"峨眉天下秀"的赞誉。山上的奇异的云海,神秘的佛光和与人争食的顽猴,吸引着各地的游人。海拔 1800 米处的九老洞一带,是猴子出没的地方。这些猴子常常向游人乞食、嬉戏,有的还愿意和游人一起照相"留念"呢!

峨眉山是普贤的道场。金顶寺正殿之后原有一幢铜造的佛殿——金殿,供奉着普贤菩萨像。寺后有一座"睹光台",在这里可以看到"峨眉佛光"。

庐　　山

庐山又名"匡庐",峙立在江西省九江市北,鄱阳湖畔。它虽不很高,最高峰的海拔只有 1474 米,却以景色秀丽著称于世,自古就有"匡庐奇秀甲天下"的赞誉。

游庐山的起点是牯岭。牯岭因有一块大岩石酷似牯牛而得名。阳春 4 月,平原地区的桃花早就凋谢了,可是这里却仍然是一片绯红,桃花含苞欲放，艳丽多姿。牯岭西部的苍翠崖壁上有一个著名的山洞，名叫仙人洞，是传说中八仙之一的吕洞宾修炼成仙的地方。

庐山的夏季十分迷人，尤其是当团团云雾不知不觉飘来时，远近的座座山峰隐没在浓厚的云雾之中，好似一个个孤岛；过了一会儿，雾又逐渐消散，山峰又清晰地出现在游人的面前。面对云海翻滚、变幻的奇景，难怪宋朝诗人苏东坡要感叹“不识庐山真面目”了。看云雾的最好的地方，当推东林寺、西林寺一带。

庐山的飞泉瀑布很多，其中比较著名的有开先瀑、玉帘泉、黄龙潭、乌龙潭等。开先瀑分东西两路，西路从山顶直泻而下，悬挂在双剑峰和香炉峰之间，高达几十米，犹如从天而降的银链。唐朝大诗人李白曾用诗篇赞美这条瀑布，“日照香炉生紫烟，遥看瀑布挂前川。飞流直下三千尺，疑是银河落九天。”美丽的瀑布给庐山增添了迷人的色彩。

雁 荡 山

雁荡山风景名胜区，位于浙江省东南乐清县东北。这指的是北雁荡，与乐清县西的中雁荡和平阳县西南的南雁荡并称“东瓯三雁”。

雁荡山之所以奇秀，是因构成山体的流纹岩断裂发育，经长年的自然风化，水流侵蚀以及岩石崩塌等综合作用，才形成了今天的峭拔、陡立的山峰、岩柱、悬崖和峪谷等奇特地貌。雁荡山早在明代就已经有 120 个奇峰很著名了。现在分为灵峰、灵岩、大龙湫、雁湖、显胜门、仙桥、羊角洞七个景区。游人一般只游全山风景精华所在“二灵一龙”。灵峰的怪石奇洞，灵岩的险山古刹和大龙湫的云烟飞瀑，称为雁荡风景三绝。

徐霞客观赏了雁荡山三绝后写道：“四海名山皆过目，就中此景难图录”。他对雁荡山难描难画的赞评，400 年来无人争议，可见赞美不虚。

武 当 山

武当山风景名胜区，位于湖北省丹江口市西南。武当山又名太和山，为我国道教名山，山北为汉水谷地，南接大巴山，方圆400公里，中有72峰、36岩、24涧、9泉、8宫、2观，构成中国著名风景区。

主峰天柱峰，海拔1612米。登峰远眺，武当全景尽收眼底。这里层峦叠嶂，峰奇谷险，泉碧岩叠，古木参天，72峰飘缈云间。风景之美，兼有五岳之雄、险、奇、幽、秀。北宋书画家米芾称之为天下"第一山"。

武当山有数以千计的珍贵文物和宏大的道教建筑群。相传道教信奉的"真武大帝"曾于此修仙得道飞升，明朝著名道士张三丰也曾在此修炼，传下著名的武当拳。

明永乐十年(公元1412年)开始，历时十二年之久，筑成了从古均州城净乐宫始至武当天柱峰顶的金殿，绵延70公里，建成8宫、2观、36庵、72岩庙、39桥、12亭、10祠等庞大的道教建筑群。其规模之宏大，技艺之精湛，工程之艰巨，世所罕见。"五里一庵十里宫，丹墙翠瓦望玲珑"即为其写照。现在保留下来的大量古建筑，多为明代所建。

武 夷 山

武夷山风景名胜区，位于福建省武夷山市(原崇安县)西南15公里处，武夷山脉北段东南麓，面积70平方公里，最高峰海拔71.77米。属典型的丹霞地貌，九曲清溪蜿蜒，东西纵贯山中，山间溪涧泉潭，峰岩洞石遍布，山光水色交相辉映，素有"奇秀甲于东南"之誉。

武夷山可分为九曲溪、云窝、桃源洞、三仰峰、水帘洞——天心岩、武夷宫、一线天等景区。武夷山的奇秀主要体现"三三秀水清如玉，六六奇峰翠插天。"三三是指一碧如染的九曲溪，六六是指一朵朵出水芙蓉般的36峰。九曲溪发源于武夷山脉主峰——黄岗山的西南麓，绕了九曲十八弯，构成了一幅碧水丹山的天然美景。盘曲山中的九曲溪约9公里，一般都乘竹筏漂流而下，夹岸森列奇峰佳景，引人入胜，一再渐入佳境，其乐融融！

武夷山是历史悠久的名山，又是疗养的好地方。秦汉以来，就有许多人来武夷山登临、盘桓，历代在这儿兴建不少寺、庙、祠、宫，建了亭、台，楼阁，汉武帝曾派人来武夷山设祀台，以乾鱼祀武夷君。宋、明两代来游览、讲学的人更多。武夷山所在的原崇安县，又是土地革命根据地之一，公元1926年就燃起了革命烽火，公元1942年震动全国的"赤石暴动"就在这里发生。

缙 云 山

缙云山是华蓥山的一个分支，位于重庆市西北，是四川的名山之一。山间的温泉峡谷，丛林古刹，溪流瀑布，都集中展示了蜀中山水幽、险、雄的特色。

缙云山也是四川境内的佛教胜地之一，开山建寺已有一千五百多年的历史。古寺位于茂密的浓荫下，寺内大雄主殿飞檐翘角，气势雄伟。

缙云山有九座峰。远望九峰，峥嵘长空，云雾缭绕，岚光滴翠。九峰中以狮子峰最为雄伟。登上山峰，俯视山下，嘉陵江和北碚的风光尽收眼底。每当秋冬多雾季节，浓雾铺天盖地，游人入山如步踏雾絮，茫茫苍苍，银海起伏，远处山蜂如海中小岛，时隐时现，景色极为壮观。

鸡 公 山

鸡公山风景名胜区，1982年11月8日由国务院公布为国家重点风景名胜区。位于河南省信阳市45公里，豫、鄂两省交界处，是大别山的一条支脉，方圆约50公里。主峰报晓峰，海拔784米，两侧为灵华山和长岭，酷似鸡公两翅，主峰左右峭壁幽谷形为鸡爪，远望山势形似引颈啼鸣的鸡公，因而得名。从山下沿着条石铺筑的百步天梯，登上报晓峰，峰间云雾缭绕，遍山为无边无际的茫茫云海，俯瞰山脊，如同大海中漂浮的神龟，山间的建筑物俨然一座座仙山琼阁，沉浮于云海之中，时隐时现，近年辟建为“云中公园”，是我国的旅游避暑胜地之一。

鸡公山地处我国南北植物过渡带，雨量充沛，气候宜人，年平均气温为12.4℃，植物繁茂，有1200多种。山间有仙人洞、罗汉堂、窥星台、天福宫、仙人琼阁等99处名胜古迹。云海、日出、飞瀑、流泉四季景色变化动人。季节变化，也使鸡公山常呈现十大奇景：曙色云海，晓峰朝晖，晚霞夕照，楼台赏月，云头观雨，雨后黄花，彩虹映川，银装素裹。

骊　山

临潼骊山风景名胜区，位于陕西省临潼县城南，因山形似骊马，故名骊山。唐代诗人杜牧有“长安回望绣成堆”之句，故亦称“绣岭”。山上松柏苍翠，花草繁茂，夕阳西下，霞映山峦，青山披金，格外妖艳。“长安八景”中之“骊山晚照”即由此得名。

骊山风光旖旎迷人，令人陶醉，但最令人向往的，还是北麓长流不断的温泉水。这里的泉水四季温热，内含多种矿物质，形成“自然之验方，天地之元医”。早在西周时，周幽王在此修骊宫，秦始皇建“神女汤泉”；汉武帝修葺扩建为“离宫”；唐太宗兴“汤泉宫”；唐玄宗大筑宫殿楼阁，更名“华清宫”又称“华清池”。

这里的温泉是最古老、最负盛名的，距今已有近三千年的历史。

华清池的早年建筑，已荡然无存，现在的华清池是在唐华清池的范围内，不断整修扩建而成的。先后修建了飞霜殿、沉香殿、宜春阁、九龙汤、莲花汤、海棠汤、龙吟榭、日华门、望河亭、飞虹桥等仿唐建筑。亭台楼阁、幽径回廊，昔日帝王的行宫御苑，今人已成为劳动人民的游览和疗养的胜地。

天 柱 山

天柱山风景名胜区位于安徽省潜山、岳西两县境内，为花岗岩构成的山岳风景名胜区。主峰海拔1490米，挺直如柱，直耸云天，因而得名。公元前106年(两汉元封年间)武帝亲临此地封天柱山为“南岳”。天柱山风景特色在于天然。她有天柱、飞来等42峰,有麒麟、熔药等16岩,有霹雳、鹦鹉等53怪石,有试心、千丈等17崖,有宝公、司元等25洞,还有18岭、13井、7关、8池、48寨……由此声名卓著。

《天柱山志》称其山“峰无不奇,石无不怪,洞无不杳,泉无不吼”。确实如此,她的雄奇、灵、秀,世所罕见。

青城山——都江堰

青城山——都江堰风景名胜区,位于四川省灌县境内,距成都西北方约60公里。

青城山为四川四大名山之一,在四川灌县西南15公里处,方圆百余公里。青葱幽丽,遍布宫观,自古有“青城天下幽”的美称。山中长年青翠,岁寒不凋,诸峰环绕,状若城廓,山因而得名“青城”。主峰大面山海拔1300余米,雄奇险峻。古木参天,翠篁漫野,溪流潺潺。若逢微雨濛濛,则绿雾弥漫,峰峦隐约,不愧“幽、秀、雄、奇”之誉。

青城山共36峰,108景,是道教的发祥地之一,道家称此为“第五洞天”。相传东汉末年道教创始人张道陵曾在这里的天师洞设坛传道。山上现存的古建筑及其遗址尚有30余处,最著名的是建福宫、天师洞、上清宫。

都江堰位于灌县城西北的岷江上游,是2000多年前建成的伟大水利工程,被誉为“中华民族勤劳智慧的结晶”,由战国时秦国蜀郡太守李冰父子率众而建。岷江自山区入平原,流速骤减,易淤易涝。李冰确定“引水以灌田,分洪以减灾”的治水方针,将岷江之水一分为二,一部分引入川西平原灌溉良田,一部分导入岷江正流。

钟　山

钟山风景名胜区,位于江苏省南京市,与玄武湖共同构成了山、水、城浑然一体的风景区。钟山，亦名紫金山，因山上有紫红色页岩呈紫金色而得名。钟山是浙江天目山的分支，江苏南部茅山山脉的余脉，若一条巨龙盘卧在南京之东，西段延伸入城，止于玄武湖南岸的北极阁；东西长约7公里，南北宽约3公里，周长30多公里。主峰北高峰高468米，与南京城西蹲在长江边上的石头城遥遥相望。诸葛亮赞其气势之雄伟称："钟山龙盘，石城虎踞，真乃帝王之宅也。"三国时东吴孙权在此建都，从此便开创了在南京建都的历史。

中山陵，是中国民主革命伟大先驱者孙中山的陵墓。于1926年3月12日奠基，1929年春竣工，建筑面积8万余平方米，陵园面积3000公顷。中山陵入门处是座白色石牌坊，上勒孙中山手书"博爱"二字。中山陵西是明孝陵，为朱元璋的陵墓。始建于明洪武十四年(公元1381年)。当年占地130多公顷，围墙长23公里，守卫陵园的军户多时达5000户。其中植松万株，养鹿千头。

明孝陵西南侧是占地约190公顷的植物园。这里地处北温带和亚热带交界处，是南北植物引种过渡地带，植物品种丰富多样，风景宜人。

玄武湖位于钟山风景区西北。六朝时期是操练水军的地方，明初建黄册库，贮藏全国户籍赋税薄册，成为一代禁地。湖面约5平方公里，湖中五洲有堤桥相通。晋代文学家郭璞墓地在其中的环洲上。樱洲上遍植樱桃林，春季岛上如火喷霞。其余洲上还建有览胜楼、湖神庙(现为展览馆)、万人游泳池、动物园等。泛舟湖上，湖光山色交相辉映，十朝陈迹令人触目生情，顿生苍茫万古之意。

万里长城——八达岭

北京延庆县。是长城的一个隘口。其关城为东窄西宽的梯形，建于明弘治十八年(1505年)，嘉靖、万历年间曾修葺。关城有东西二门，东门额题"居庸外镇"刻于嘉靖十八年(1539年)；西门额题"北门锁钥"，刻于万历十年(1582年)。两门均为砖石结构，券洞上为平台，台之南北各有通道，连接关城城墙，台上四周砌垛口。京张公路从城门中通过，为通往北京的咽喉。从“北门锁钥”城楼左右两侧，延伸出高低起伏、曲折连绵的万里长城。长城全长6700公里，是世界上古老的伟大建筑之一。远自春秋战国时代，各诸侯相互防御，后来燕、赵、秦三国为防御北方的匈奴、东胡等民族的骚扰而筑起高大的城墙，是为长城起源。秦统一六国，以此为基础筑成一道连绵万里的长城，奠定了今天长城的规模。以后历代对长城继续修整使用，至明代，因北方仍有蒙古族的进攻，东北又有女真族崛起，为加强防御，将过去的土筑城墙部分改为砖石结构，西起嘉峪关，东达山海关，蜿蜒万余里，并沿城墙修筑了许多烽火台，八达岭附近的长城依山势而筑，高低宽窄不一（平均高6—7米，宽4—5米），用整齐巨大的城砖筑成墙体外壳。下部为条石台基，上砌砖墙及马道，墙身内部填满碎石和黄土。墙顶地面铺方砖，内侧为宇墙，外侧为垛墙。垛墙上方有垛口，下有射洞，以便了望和射击。为了防御的需要，分别于山脊的高地、城墙的转角或险要处，筑堡垒式的城台。高大的称空心敌台，多建于要冲处，为上下两层。上层顶部为平台，周围有垛口和射洞；下层为空屋，可驻兵和贮存武器。低矮的称墙台，多建于平缓处，骑墙而筑或凸出墙外，其高度与城墙相等，台四周也有垛口和射洞。长城至清代已逐渐失去防御的历史作用，由于长年受风雨侵袭及人为破坏而日渐荒废。解放后曾分期补修了八达岭关城城楼和南北各四个城台，1978年春又重建了居庸外镇的城楼。

名　窟

云冈石窟

在山西大同市西16公里武周山南麓。依山开凿，东西绵延1公里。现存主要洞窟五十三个，造像五万一千余尊，是我国最大的石窟群之一，也是世界闻名的艺术宝库。始凿于北魏和平元年(公元460年),大部完成于太和十八年(494年)迁都洛阳之前,而造像工程一直延续到正光年间。据《水经注·㶟水》记载,当时"凿石开山,因岩结构,真容巨伏,世法所希。山堂水殿,烟寺相望,林渊锦镜,缀目新眺"。壮观景象,前所未有。后也曾多次修缮,并增建佛寺,尤以辽金两代规模最大。在我国三大石窟中此窟以石雕造像气魄雄伟、内容丰富多采见称,至今仍具有强大的艺术魅力。大佛最高者17米,最小者仅几厘米。菩萨、力士和飞天等形象生动活泼,特别是平基藻井上成群的飞天、凌空飞舞,姿态飘逸。塔柱的雕造,蟠龙、狮、虎和金翅鸟等动物形象的凿琢,繁复的植物纹样的刻画,皆是引人入胜的杰作。其雕刻技艺,继承并发展了秦汉时代的艺术传统,吸收并融合了外来的艺术精华,创造出独特的风格,对以后隋唐艺术的发展起了承上启下的作用,在我国艺术史上占有重要地位。它是我国各族人民共同创造的艺术结晶,也是中西文化交流的历史见证。云冈几十个洞窟中以昙曜五窟开凿最早,气魄最为雄伟。第五、第六窟和五华洞内容丰富多采,富丽瑰奇,是云冈艺术的精华。东部、西部窟群大部属于晚期作品。

龙门石窟

在河南洛阳市南13公里的伊河两岸。《水经注》云:"两山相对,望之若阙,伊河历其北流",因又名伊阙。是世界闻名的艺术宝库,又为山水相趣的风景区。石窟造像开创于北魏孝文帝迁都洛阳(公元493年)前后,历经东西魏、北齐、北周、隋、唐四百余年的大规模营造,两山窟龛,密似蜂窝。其代表性洞窟有北魏时的古阳洞、宾阳洞、莲花洞、药方洞和唐代的潜溪寺、万佛洞、奉先寺、看经寺等,共计窟龛二千一百多个,造像九万七千三百余尊,题记和碑碣三千六百多品,佛塔三十九座。这些古代艺术大师创造的丰富多彩的艺术造像。成为研究我国古代历史和艺术的重要资料。石窟中的飞天,或在流云中自由翱翔,或手捧果品凌空飞舞,或奏乐高歌,或布撒花雨,其姿态之轻盈,神情之优雅,令人叹为观止。龙门石窟的题记、碑刻，如著名的“龙门二十品”和唐代著名书法家褚遂良书写的“伊阙佛龛之碑”等，都是我国书法艺术的珍品。

莫高窟

俗称千佛洞。在甘肃敦煌县城东南25公里。洞窟凿于鸣沙山东麓断崖上，上下五层，高低错落，鳞次栉比，南北长1.600多米。建造年代据武周圣历元年（公元698年）《李怀让重修莫高窟佛龛碑》记载，莫高窟建于前秦建元二年（366年），至唐武则天时，已有窟室千余龛。现尚保存北魏、西魏、北周、隋、唐、五代、宋、西夏、元各代壁画和塑像的洞窟四百九十二个，壁画45.000多平方米，彩塑二千四百十五身，唐、宋木构建筑五座，莲花柱石和铺地花砖数千块。是一处由建筑、绘画、雕塑组成的综合艺术。形制有禅窟与中心柱式、方形佛殿式和覆斗式。窟外原有殿宇，并有木构走廊与栈道相连。窟最大者高40余米，30米见方。最小者高不盈尺。造像均为泥质彩塑，有单身像和群像。佛像居中心，两侧立弟子、菩萨、天王、力士，少则三身，多则十一身。最大者33米，小者10厘米。多以夸张的色彩表现人物性格，神态各殊、壁画内容有佛像、佛教史迹、经变、神话、供养人等题材和装饰图案。最古的地图《五台山图》大40多平方米。从一花一叶、神、佛，到表现当时当地历史人物活动的《张议潮夫妇出行图》，构图精细，栩栩如生，窟内金碧辉煌，绚丽夺目。画面如按两米高排列，可构成长达25公里的画廊，是我国现存规模最大、内容最丰富的石窟艺术宝库。清光绪二十五年（1899年，一说光绪二十六年）发现藏经洞后，窟内历史文物和艺术品遭到帝国主义分子的严重破坏，盗窃大量的珍贵文物。1943年设立敦煌艺术研究所，进行修复、保管和研究工作。解放后改为敦煌文物研究所，对洞窟进行全面维修。窟东有泉，汇成清流，林木成荫，无异沙漠绿州。

麦积山石窟

在甘肃天水县城东南约30公里山中。崛起一峰，高150余米，如农家积麦之状，因有此名。据文献记载，后秦时开窟造像，创建佛寺。西魏文帝时，再修崖阁，重兴寺宇，魏文帝皇后乙弗氏薨，凿麦积崖为龛而葬。北周保定、天和年间，秦州大都督李允信为亡父造七佛阁。隋文帝曾建宝塔"敕葬神尼舍利"。山顶现存舍利塔为清代重建。历代开窟造像在距山基20——30米、70—80米高的悬崖峭壁上，层层相迭，上下错落，密如峰房。唐开元二十二年(公元734年)地震，崖面中间塌毁，窟群分成东崖和西崖。现保存北魏、西魏、北周、隋、唐、五代、宋、元、明、清等各代洞窟一百九十四个(在崖五十四个，西崖一百四十个)，泥塑像、石雕像七千余身，壁画1.300多平方米。泥塑有高浮塑、圆塑、粘贴塑、壁塑四种。数以千计的与真人大小相仿的圆塑，极富生活情趣。端庄的佛，犹如头上无冕旒的世俗帝王，侧侍的菩萨、弟子，有的低眉含嫣，交头接耳，窃窃私语或眉开眼笑，有的俊俏活泼，向人招手致意，还有聪慧虔诚的少年和天真的男女儿童形象。从高约16米的阿弥陀佛，到10余厘米小的影塑。从神圣的佛到天王脚下"金角银蹄"的牛犊，均精巧细腻，栩栩如生。把神人格化，生活气息浓厚，令人感到亲切，而不神秘。泥塑上彩而不重彩，被誉为塑像馆。抬头仰望，凌空飞栈。攀行其上，惊险陡峭，五代《玉堂闲话》云："其青云之半，峭壁之间，镌石成佛，万龛千窟，虽自人力，疑是神功。"在群众中有"先有万太柴，后有"麦积崖""积木成山，拆木成功"的传说。石窟形制完全按照我国民族建筑形式开凿，方型、平顶，前壁开门，两侧开龛的房屋建筑为崖阁式。麦积山是秦岭山脉西端的奇峰，冬暖夏凉，秋季细雨霏霏，云雾缭绕，《广舆记》誉为"秦地林泉之冠""麦积烟雨"为天水八景之首。登上高70多米的上七佛阁(俗称散花楼)，居高临下，扬手撒花，花随着上旋气流越飘越高，峰峦重迭。碧波如海，与蓝天相接。

炳灵寺石窟

旧名龙兴寺,又名寻岩寺。炳灵为藏语千佛或十万佛之意。窟在甘肃永靖县西约50公里,黄河北岩积石山中。窟龛造像凿于南北峭壁上,长2公里,上下四层,高低错落,幢盖纵横,濒临黄河,气势庄严。现保存西秦、北魏、北周、隋、唐,直到明清各代窟龛一百八十三个(窟三十四个,龛一百四十九个),大小石碓佛像六百九十四尊,泥塑八十二尊,壁画900平方米。塑像高者27米,小者20余厘米。另有石雕方塔一座、泥塔四座。唐代作品约占三分之二,艺术造诣精湛,造型丰满潇洒,富有朝气和生命力。郦道元《水经注·河水》称"河峡崖旁有二窟,一曰唐述窟,高四十丈,西二里有时亮窟,高白丈,广二十丈,深三十丈。"据说现编号169窟即唐述窟。内有精美的西秦造像,造型刚健挺拔,栩栩如生。壁画中神人衣袂飘逸,色泽绚丽,构图古雅,显示出神奇美丽的天国风光。画上有"西秦建私元年"(公元420年)的造像题铭。是全国石窟中迄今发现最早的题记。1967年兴建刘家峡水库时,在窟前修筑防水大坝,长200多米,高20余米。坝前波光潋滟,坝后岩窟崔巍。寺与水库相连,乘游艇从刘家峡水库大坝西行,可直达窟前。

名　水

桂林山水

我国西南的桂林地区,山奇水秀,风景如画。一座座奇峰拔地而起,怪石嶙峋,群峰屹立。一条玉带似的小河从城中流过,这就是著名的漓江。漓江的水十分清澈,犹如一块巨大的水晶石,可以看见江底的沙石。两岸的奇峰,天上的白云,倒映在水中,水光山色,令人陶醉。在漓江中泛舟,如同在画景中一般。

桂林不但有秀丽的山水,还有神奇迷人的溶洞。洞内有倒挂的钟乳石,从地面“长”出来的石笋、石柱等。其中七星岩溶洞面积巨大,可容纳1万多人。离市区6公里的光明山上的芦笛岩洞,因洞附近有好多可以做芦笛的芦草而得名。芦笛岩长500米,洞内有着造型奇特的各种景物:有莽莽的原始“森林”,高耸挺拔的“宝塔”,还有洁白鲜嫩的“竹笋”……有“大自然艺术宫”之称。形形色色的钟乳石,在彩灯的照射下,五彩缤纷,红的如同玛瑙,绿的好像翡翠,白的宛如牙雕,黄的犹如琥珀,漂亮极了。这些钟乳石都有着动听的名字,如狮岭朝霞、石乳罗帐、云台揽胜、帘外云山、远望山城、幽景听笛等。洞中有些石头形状酷似雄狮、犀牛、乌龟……十分有趣。洞内还有“琴”“鼓”等“乐器”,当人们稍用力敲击时,还能听到悦耳的声音。

桂林山青、水秀、石美、洞奇,它以秀丽无双的绝景,赢得了“桂林山水甲天下”的赞誉。

长江三峡

长江自雪山中流出,在四川境内接纳了岷江、沱江、嘉陵江等支流,水量大增,江面展宽,但江水到了四川、湖北交界处被巫山山脉挡住了去路。汹涌的江水像利刀般劈开崇山峻岭,向东方直奔而去,形成了壮丽的三峡——瞿塘峡、巫峡和西陵峡,全长204公里,是世界上最大的峡谷之一。

西来的江水自奉节县的白帝城进入长江第一峡——瞿塘峡。瞿塘峡的长度虽然只有8公里,却极为险峻,号称“天堑”。两岸的峭壁紧束着河道,就像两座大门。这里江面狭窄,最窄处只有数百米,水流湍急,犹如万马奔腾。抬眼望去,但见云天一线,峰云相间。这里有奇异的风箱峡、险峻的孟良梯和有趣的倒吊和尚等奇景。所谓风箱峡,是因为这里的悬崖裂缝中有着一只只看去似风箱那样的东西。这是9具古代的悬棺。

江水出瞿塘峡后,经过一段宽谷,就进入了巫峡。巫峡是长江三峡中最整齐的一段峡谷,因巫山而得名,又名大峡。全长 40 公里,以幽深、秀丽著称。这里弯回水转,曲折多姿,两岸重峦叠翠,犹如天然画廊。巫峡最美之处是“巫峡十二峰”。这里两岸是峻峭多姿的石灰岩层,人们给两岸的山峰取了一个个动听的名字,美丽的神女峰就是其中之一。

江水出了巫峡,经过 50 多公里长的香溪宽谷,就进入了三峡中最长的、也是最东的一个峡谷——西陵峡(又称巴峡)。从秭归的香溪河口到宜昌的南津关,总长 75 公里,分东、西两段。西段有兵书宝剑峡、牛肝马肺峡等,东段有灯影峡等,以两岸岩石的形状而得名。

1995 年起,三峡水利工程将开始兴建,这是世界上最大的水利工程,库区水位将升高 170 多米,三峡风光将出现新的景象。

京杭大运河

在我国东部地区,北起华北平原,南至杭嘉湖平原的千里沃野上,有着一条纵贯南北,跨越五大水系的人工开凿的河流。这就是中华民族引以为自豪的京杭大运河。

在地势坦荡的华北平原和长江中下游平原上,有几条东西走向的大河——波滚浪涌的黄河、海河、淮河、长江、钱塘江等,它们既给这一宽广的地域带来了巨大的利益,但同时也割裂了南北交通,影响了各地区经济文化的交流和政治上的统一。于是,修凿一条纵贯南北的大运河,就成为时势所需了。

经过历朝历代的水利专家和民间的能工巧匠的努力,到隋朝时已形成了北起涿郡(今北京附近)、南达杭州的运河网。南北大运河由四段组成:江南河、邗沟、通济渠和永济渠。

大运河顺应了我国地势西高东低的特点,充分利用各河流的自然流向,以洛阳为扇轴,沿扇形的两边,分别向东北和东南延伸,它的柄端则直指关中平原。整个运河网络布局合理,线路绵长,腹地广阔、渠道深广,为世界水利史上的伟大工程。

黄果树瀑布

黄果树大瀑布在贵州省镇宁布依族苗族自治县境内。县城西南15公里处有条白水河。这里高山重重,奔腾呼啸的白水河从东北山岭中夺路而出。到了黄果树地段,突然河床中断了,滚滚水流顺势下跌,形成了九级飞瀑。第四级黄果树瀑布是最大的一级。它宽达30多米(水量大时,可达七八十米),从悬崖上跌落到相距60多米的犀牛潭中。瀑布从六七十米的陡崖上跌落时,随着惊心动魄的轰鸣声,好像有无数巨大的白练在云烟中倒挂下来。汹涌的水流落入犀牛潭后激起阵阵浪花和团团水雾。水珠飞溅到附近的滇黔公路上,如同下起了蒙蒙细雨,夏天在瀑布前有时会出现一条五彩缤纷的彩虹,整个山谷像披上一层金黄色的轻纱。

瀑布对面,在依山濒河的山岩上建有“望水亭”。瀑布附近有一座长达1公里的“天生桥”,宽约二三百米的桥面上还有一片奇形怪状的石林。

台湾瀑布

台湾的河流因受地形影响,大都流程短,落差大,多险滩瀑布,河流大部分发源于高山,水沿着悬崖峭壁奔腾而下,形成一座座壮丽多姿的瀑布,给宝岛台湾增添了无限风光。

蛟龙瀑布,位于嘉义县梅山乡,是台湾最大的瀑布,高约1000米,分为4层,远眺犹如白色巨柱擎天,游人莫不叹为“难得一见的旷世奇观”。

乌来瀑布,位于台北县乌来乡,是台湾著名瀑布之一。在苍翠幽静的山岭间,从80多米高的悬崖飞奔而降,宛如白练飘空,声若雷鸣。晨昏之际,云雾弥漫崖顶,水从云中腾出,景色尤为绚丽。

玉女瀑布,位于花莲县境内,一缕清水顺着岩石流下,两旁绿草如茵,远看有如婷婷玉女身穿白纱,站在碧玉屏风之前。

云龙瀑布,位于南投县境内,从断崖悬空飞泻,好像一条张牙舞爪的银龙在空中飞舞,景象雄伟动人。

壶口瀑布

万里黄河翻腾澎湃，浊浪滚滚，它从青藏高原奔泻而下，进入晋陕边界，宛如一柄利剑把黄土高原劈为两半，形成一道深邃的峡谷，这就是山西和陕西两省天然分界线的“晋陕峡谷”。峡谷内黄河之水倒悬倾注，好像奔马直冲河谷，波浪翻滚，惊涛怒吼，震声可传几里之外。因水泻而下的形状如同巨壶内的开水在沸腾一般，因而人们将它称为“壶口瀑布”。

黄河水从峡谷流向一道宽 30 – 50 米的深槽，在这个深槽里，黄河水像大海倒悬，水花飞溅，形成一个落差 20 米的大瀑布，呈现出“源出昆仑衍大流，玉关九转一壶收”的壮观景象。

壶口瀑布景色壮观，气势磅礴，被称为我国第二瀑布。瀑布在阳光的照射下，映出道道彩虹，五光十色，分外瑰丽。

暴风骤雨般的壶口瀑布，是古老的地质演变结果。由于地壳运动，岩石断裂，形成断层，经过黄河的不断冲刷，出现了瀑布。

杭州西湖

杭州有一个面积不大，水也不深的湖泊，它没有鄱阳湖的浩荡气势，也没有洞庭湖的波涛澎湃，但它小巧玲珑，典雅秀丽，充满了无限的魅力。它宛若一颗光彩夺目的明珠镶嵌在杭嘉湖平原的大地上。它就是全国十大名胜风景之一的西湖。

确实，西湖很美，美得使人不忍离去。那一池平如明镜的碧水，被三面苍翠浓郁的群山所环抱。当太阳刚刚从东方升起的时候，湖面上披着一层淡霭轻雾，朦朦胧胧犹如一个披着轻纱的美女；当殷红的落日消隐在群山之后，夕阳的余辉把湖水染得色彩斑斓，波光涟涟好像一幅随意挥洒的山水画。难怪宋朝大文豪苏东坡对西湖赞不绝口:"水光潋滟晴方好,山色空濛雨亦奇,欲把西湖比西子,浓妆淡抹总相宜。"

西湖形成是在5000年前,它是由海湾而变成的一个泻湖,湖水承受了周围山地上下来的溪泉的补给和冲洗,才逐步淡化而成为淡水湖。后又经历代的治理疏浚,修建园林,布置景点,才有了今天美丽的西湖。

镜 泊 湖

在宁安县南部群山的茂密森林中,有一个宁静的湖泊。它南北长47.5公里,最宽处6公里,最窄处不到0.5公里。它蜿蜒曲折,呈S形。它没有西湖的妩媚,没有滇池的雄伟,也没有太湖的浩瀚,但它有自己的丰姿,它掩映于密林深处,岚影沉浮,水平如镜。这就是著名的风景胜地——镜泊湖。

镜泊湖四面环山,湾湾相连,山山相套。湖中小岛星罗棋布,每到春暖花开,是湖区的黄金时节,花红水碧,鱼跃禽翔。

这个湖以风静水平而得名。古时称湄沱湖,唐代又称忽汗海,明代改称毕尔腾湖。近代人们因见这湖像无数碎镜散落在群山丛中,所以又改称"镜泊湖"。镜泊湖是在千万年以前,由于地壳断裂和火山爆发,熔岩流溢而形成的。

镜泊湖作为一个高山堰塞湖,犹如一幅带有浓郁民族传统艺术神韵的泼墨山水画。

大 明 湖

大明湖是一个由泉水汇成的天然小湖泊,位于济南市旧城北部,湖面不大,但湖山胜美,湖水清澈,在神州享有较高的声誉。

大明湖是个历史悠久的风景名胜,一湖烟水,绿树蔽空,给"四面荷花三面柳,一城山色半城湖"的泉城济南增添了光采。每当天晴日丽,秋高气爽之际,南面的千佛山倒映湖中,山色与湖光相映,宛如一幅充满神韵的山水写意画。沿湖亭台楼阁、水榭长廊，参差有致。登上湖边假山上的浩然亭，美丽的大明湖尽收眼底。著名的“历下亭”就建于湖东南的小岛上。

济南名士多，可谓千真万确。历史上，这里出现过唐宋八大家之一的曾巩；南宋豪放派词诗大家——辛弃疾；婉约派词诗领袖、著名女词人——李清照；明代铁骨铮铮的忠臣铁铉等一批在中国历史上放射光辉的杰出人物。

大明湖边有一座纪念曾巩的南丰祠。曾巩曾任齐州（今济南）知州，他不仅文章写得好，而且为官也清廉。他在任时，正值大明湖淤塞，曾巩经过实地踏勘，决定挖掘淤泥，重开大明湖。他组织人力疏通了湖源，将趵突泉、黑虎泉、珍珠泉、玉龙潭泉接汇入湖，并且将大明湖的兴修与水利设施的建设结合起来。给人们办过好事的人，人们是不会忘记的，南丰祠就是证明。

太　　湖

太湖风景名胜区，位于江苏省无锡、苏州、宜兴三市和吴县、无锡两县境内。大湖古名“震泽”，又名“五湖”，湖岸线长400公里，面积2420平方公里。湖中有48个大小岛屿，2个半岛，72座山峰，5个神巧天成的古洞府。最大的岛屿洞庭西山63平方公里，马迹山半岛21平方公里。太湖的东、北、西沿岸和湖中诸岛是古代吴越文化的发源地，遗存大批文物古迹，最著名的有春秋时吴王的阖闾城，越王勾践的土城遗址。附近还有隋代大运河、唐代宝带桥、宋代紫金庵、元代天池石屋及众多的名寺古刹、古典园林。然而，太湖之美首先在于她的浩瀚坦荡。临湖远眺，则烟水迷茫，水天相连，那莽莽苍苍的万顷波涛，仿佛银河从天上奔涌而来。太湖是江南的聚宝盆，水产丰富，其中闻名的有大湖银鱼、白鱼、桂鱼、白虾等。还盛产水果，杨梅产量占江苏省年产量的70%，枇杷占90%，柑桔几乎占100%。还出产名茶碧螺春，出产玲珑剔透的太湖石。太湖流域盛产稻、麦、油菜、春蚕等。是我国四大淡水湖中的佼佼者。

瘦西湖

古城扬州,素以风景秀丽著称。它的绝妙景色,首推位于城西的瘦西湖。瘦西湖原是杨州蜀岗山水流入运河的一段自然水道,旧称“炮山河”,亦名“保障河”。自唐朝以来,经历代劳动人民的长期治理和建筑,逐渐形成了风光明媚的游览区。因湖身狭长曲折,犹如一条丝绸飘带,与杭州西湖相比,另有一种清瘦秀丽、含蓄多姿的特色。清钱塘诗人汪沆诗云:“垂杨不断接残芜,雁齿虹桥俨画图,也是销金一锅子,故应唤作瘦西湖。”于是,瘦西湖之名,就这样流传开来。“人人都道瘦西湖,究比西湖瘦几分?”一个“瘦”字,勾勒出了湖的特点,瘦者,苗条也,清秀也,瘦西湖妙就妙在瘦字上。

瘦西湖风光旖旎,绿水荡漾,湖长四点三公里,游览面积三十多公顷。在时宽时窄河流两岸的丘阜,各种建筑物和奇花异木点缀其间,美不胜收。湖中洲屿散落,两岸庭园不断。小金山、吹台、五亭桥、白塔等景致,相互衬托,彼此映照。船行其间,每转一弯必有一组不同的景物,甚是迷人。

日月潭

日月潭是台湾岛最著名的风景区。它位于西部的南投县,是台湾省最大的天然湖泊,卧伏在玉山和阿里山之间的山头上。湖岸周长35公里,面积7.7平方公里,水深二三十米。水面比杭州西湖略大,水深却超过西湖10多倍。

日月潭四周青山环抱,山峦层叠,水映着山,湖面宛似一个巨大的碧玉盘。远远望去,潭中的美丽的小岛——珠仔岛,却像玉盘托着的一颗珠子。珠仔岛把湖面分为南北两半:东北面的形状好像圆日,故叫日潭;西南边的如同一弯新月,故称月潭。抗日战争胜利后,为了庆祝台湾光复,珠仔岛已改名为光复岛。

日月谭美景如画，春夏秋冬，晨昏晴雨，景色变幻无穷。尤其是秋天夜晚，湖面轻笼着薄雾，明月倒映湖中，景色更为佳丽动人。每年中秋圆月当空时，高山族的青年男女扛着又长又粗的竹竿，带着彩球，来到潭边跳起古老的民间舞蹈。他们重演着征服恶龙的民间故事，把太阳和月亮顶上天，让日月潭永远有日月的光辉。

日月潭四周，点缀着许多亭台楼阁的寺庙古塔。山腰的玄奘寺内存放着唐僧玄奘的部分遗骨。

这里气候四季宜人，冬天平均气温在15℃以上，夏季7月份只有22℃左右，是避暑胜地。

洞 庭 湖

洞庭湖位于湖南省北部，长江中游的南岸。浩浩长江冲出三峡后，迂回地奔来与它相会，然后又向东北流去。洞庭湖是全国第三大湖，第二大淡水湖，自古以来以湖山秀丽而闻名天下，它又是调节长江水量的著名湖泊。

洞庭湖区平原阡陌纵横，水网交错，土地肥沃，素有“湖南粮仓”的美誉。湖面上水草丰茂，盛产百余种鱼。这里还生长着国家一级保护动物——白鳍豚和名贵的鲟鱼、银鱼等。

洞庭湖是长江中游的巨大天然水库，具有汛期内蓄洪防灾的重要功能。在洞庭湖进入长江的三江口，有一种奇特的景象：洞庭水清，长江水浊，清浊交会，泾渭分明，古人称为“江会”。历史上，三江口是个水军争夺的要地。附近的擂鼓台，是春秋时楚王擂鼓督战的地方。周瑜火烧赤壁，孙、刘联军追击曹操水军，都从三江口经过。太平天国曾在这里和湘军水师作过殊死的战斗。三江口水面宽畅，风平浪静，土质坚实，是个天然良港。

洞庭湖以它无与伦比的湖光山色而被园林专家誉为荆楚一大胜景。

五大连池

石浪闻风、桦林沸泉等景点。

据史料记载,清康熙五十八至六十年(公元1719－1721年)火山喷发时,玄武岩流阻塞了塞纳莫尔河支流白河,形成了五个串珠般的石湖,故得名五大连池。池的周围,分布有14座火山和60多平方公里的熔岩台地,总称五大连池火山群。

从南向北数去,头池、二池、三池、四池、五池,宛如一串大小不等的珠碟玉盘,与广阔的火山熔岩石海交织在一起,形成一幅独特的山、水、石风景。其中,以三池为最大、最美,动人的传说最多。并富产鱼类。

名　宫

北京故宫

旧称紫禁城。在北京市中心,明、清两代的皇宫,我国现存最大最完整的古建筑群。明永乐四年(1406年)始建,永乐十八年基本建成。迄今五百六十多年历经二十四个皇帝。虽经明、清两代多次重修和扩建,仍保持原来布局。占地72万多平方米,屋宇九千余间,建筑面积约15万平方米。周围宫墙长约3公里,四角矗立风格绚丽的角楼。墙外有宽52米的护城河环绕,形成一个森严壁垒的城堡。故宫宫殿的建筑布局有外朝、内廷之分。外朝以太和、中和、保和三大殿为中心,文华、武英两殿为两翼,是皇帝举行大典和召见群臣、行使权力的主要场所。内廷有乾清宫、交泰殿、坤宁宫及东西六宫等,是皇帝处理日常政务和后妃、皇子们居住、游玩和奉神的地方。故宫南面为南北狭长的前庭,有天安门和端门,形成宫门前面一长列建筑的前奏。正门即午门,北门为神武门,东为东华门,西为西华门。午门后为一方形广场,其上有弯曲的金水河横贯,河上跨五座汉白玉单拱石桥,桥北是九间重檐庑殿顶的太和门,其两侧并列昭德、贞度二门。广场东西有通往文华殿和武英殿的协和、熙和二门。三大殿是外朝的主体建筑,入太和门迎面为面阔十一间重檐庑殿顶的太和殿,中国是方形单檐攒尖顶的中和殿,最后为九间重檐歇山顶的保和殿,三座殿建在一个工字形三层汉白玉的台基上,四周廊庑环绕,气势磅礴,为故宫中最壮观的建筑群。内廷从乾清门开始,在中轴线上的建筑物有乾清宫、交泰殿、坤宁宫及其周围的十二座宫院。乾清宫东西各有六组自成体系的院落,即东六宫和西六宫,每组院落都以前后殿、东西庑的标准格局组成。东六宫南面有奉先殿、斋宫的毓庆宫,西六宫前面是养心殿。内廷中轴线之东有宁寿宫一组建筑,俗称外东路,西有慈宁宫、寿康宫、英华殿等。内廷另有花园三座,御花园在故宫中轴线的煞尾处,宁寿宫花园在宁寿宫养性殿之西,慈宁宫花园在慈宁宫之前。内廷与外朝的建筑气氛回然不同。故宫建筑气势雄伟、豪华壮丽,是我国古代建筑艺术的精华。故宫还保存有大量珍贵文物,是研究明、清两代历代艺术的重要资料。

沈阳故宫

我国沈阳故宫又名盛京宫阙或奉天行宫,位于沈阳旧城中心,占地面积达6万平方米,有建筑90多所,300多间,是清朝入关前的皇宫。该建筑群分三部分:东路有大政殿和十王亭等,为努尔哈赤建都沈阳时所建;中路有崇政殿、飞龙阁、凤凰楼、清宁宫、永富宫等建筑,为皇太极继位后所建;西路有戏台、嘉荫堂、文溯阁、仰熙斋等建筑,为乾隆帝在位时所扩建。

大政殿是融汉、满、蒙三族风格为一体的八角重檐木构架建筑,巍峨气派,是努尔哈赤治理朝政的处所。殿前依次对称排列着十座方亭,即十王亭,为左右翼王和八方大臣办公的地方。是沈阳故宫独具特色之处。

崇政殿,又称"正殿",是清入关前的"金銮殿"。皇太极在此处理军政事务和接见外国使臣。

文溯阁是乾隆为收藏《四库全书》而兴建的，建筑形制仿浙江宁波的天一阁。清代皇帝东巡盛京时常在此读书或看戏。

台北故宫

自台北驱车东行不足半小时，便到了青山环抱的外双溪。在郁郁葱葱的山间，矗立着一座中华民族式的古典建筑群，这就是台北故宫。

1948 年 12 月，曾在北京故宫和南京博物院收藏的 5000 多箱文物被运到了台湾的雾峰北沟山洞。直到 1965 年，台湾故宫建成，这批稀世珍宝才得以重见天日。

据台北故宫秦孝仪院长介绍说，当年运往台湾的文物全都收藏在这里，共计 64.3 万件，其中以陶瓷、书画、青铜器最为完整，此外，尚有玉器、漆器、多宝塔、珐琅器、文具、雕刻、织绣、善本图书及满、蒙档案文献。文物多为清宫旧藏，而宫中收藏之始，可上溯至宋初，距今已有千余年历史。因藏品太多，无法尽数展出，只能在一般性陈列中，兼顾各类，定期更换，以期让参观者从中窥见到中国文化遗产博大精深之全貌。展品布局大致分为器物、书画、图书文献三个部分。此外，还有“华夏文化与世界文化之关系特展”，说明在悠远的年代里，中国不但将中国文化传播到四方诸国，同时以包容开放的胸襟，大量吸收外来文化，融合为优秀、独特的华夏文化。

拉萨布达拉宫

美丽的布达拉宫是西藏的象征。清晨，高原绚丽的朝阳映射在这座古老宫殿的金顶上，反射出一片令人赏心悦目的色彩。深夜，漆黑的夜空覆盖着这座神秘的宗教圣地，神殿屋宇内的酥油灯若明若暗，使人感到一种庄重肃穆的宁静。

布达拉宫建在拉萨市中心的布达拉山上，高 13 层，离地 117 米。宫宇倚山叠砌，巍峨耸峙，在拉萨的任何一个方向，都能看到它那雄伟壮丽的景色。

布达拉宫是松赞干布为迎娶文成公主而建造的。松赞干布的目的是“为唐朝公主筑一城以夸后世”。十七世纪四十年代，五世达赖建立起政教合一的噶丹颇章政权，为了扩大政治影响，决定在松赞干布建造的宫殿上进行扩建。于是，他向全藏颁布了差役令，调征全藏的能工巧匠汇集拉萨，经过10余年的努力，一座极其壮观的宫殿屹立在高山之巅，其规模远胜过当年建造的布达拉宫。

布达拉宫是西藏艺术的宝库，那大大小小的殿堂里布满了栩栩如生的塑像；那精雕细刻的楞柱绘满了各式神话图案；那金壁辉煌的墙上画满了色彩斑斓的壁画。

山西永乐宫

我国现存最完整的元代道教建筑群永乐宫。宫址原在山西永济县永乐镇，后因修建三门峡水库而拆迁，依原状复原于芮城县北。

永乐镇是道教“八仙”之首吕洞宾的故乡，唐代时建吕公祠，金末时扩为道观。元代时道教大发展，皇帝令升观为宫，扩建成“大纯阳万寿宫”，现存永乐官为大纯阳万寿宫的主要部分。

山西永乐宫采用传统的中轴对移布局，自南而北有宫门、龙虎（无极门）、三清殿（无极殿）、纯阳殿、重阳殿、丘祖殿等。

三清殿是永乐宫最大的殿宇，因奉祀道教最高神玉清、上清、太清神像得名。殿身雄伟壮丽，殿顶用黄绿蓝三彩琉璃浮雕砌成屋脊，以黄绿琉璃瓦铺顶，异常精巧鲜丽。殿内壁画为道教《朝元图》，绘出仙神290多尊，场面开阔，主次分明，绚丽精致，实为古代绘画杰作。纯阳殿又名吕祖殿，绘有吕洞宾事迹内容的彩绘。重阳殿又称七真殿，绘出王重阳度化七真人成道事迹的内容。

山西永乐宫的几个主要大殿内保存着举世罕见的大型元代壁画，面积达 960 平方米，题材丰富，以道教内容为主，构图严谨，线条飘逸、色彩缤纷，是绘画史上的杰作，在我国美术史上占重要地位。

永乐宫不仅壁画精美，建筑上也有极高价值，是建筑史上承上启下的典型实例。

北京雍和宫

独具有特色的雍和宫座落在北京东城区雍和宫大街东侧，原是雍亲王胤真的府第。胤真即后来的雍正皇帝。他登基后把府第改名为雍和宫，成为施政的中心之一。雍正帝死后，宫中建筑改换成黄琉璃瓦，以示尊贵。乾隆年间雍和宫被改为北京地区最大的喇嘛寺。

该寺共有五进院落，主要建筑有山门、天王殿、正殿、永佑殿、法轮殿、万福阁等。建筑风格则融汉、藏、蒙、满各族风格为一体。

法轮殿集汉藏风格于一体，供奉宗喀巴铜像，高 15 米。后有檀香木雕的罗汉山，上有金、银、铜、铁、锡铸制的五百罗汉像。

万福阁是全寺最辉煌的建筑，阁内矗立着由一根檀香木雕成的高 26 米的弥勒佛像。檀木大佛、五百罗汉山和金丝楠木佛龛被称为雍和宫三绝。雍和宫还有大量的弥足珍贵的宗教文物收藏。

名　　陵

黄　帝　陵

轩辕黄帝被尊奉为华夏民族的祖先，《史记》曾记载：“黄帝崩，葬桥山”。据此,历代均以桥山为黄帝陵址进行祭祀。

桥山在陕西省黄陵县城北。相传汉武帝征朔方,途经此地,始建黄帝祭台,以后各代均有修缮。黄帝陵陵高3.6米,周围48米。墓前有“桥陵龙驭”碑碑亭,再前有清乾隆年间所立“古轩辕黄帝桥陵”碑。

桥山山麓有黄帝庙,庙内建筑掩映在古柏之中。相传为汉武帝所栽植的汉柏高达19米,为诸柏之冠。庙内各代立碑很多,郭沫若手书“黄帝陵”碑矗立醒目。

秦始皇陵——兵马俑

1974年春,距西安市区以东30多公里(即秦始皇陵墓东边1.5公里)处,发现了一支惊动世界的“大军”——2000多年前的秦始皇陵兵马俑。它被誉世界第八奇迹。

这一世界奇迹是当地群众打井时发现的。经考古工作队进行钻探和试掘,查明是3个总计面积为2万多平方米的秦陶俑坑。计有大型兵马俑8000余件,战车数百乘。人民政府在这里建立了“秦始皇兵马俑博物馆”。

出土的秦兵马俑,显示了2000多年前中华民族高度的文化工艺术水平。出土兵俑高1.7-1.9米,马俑高1.5-2米,面貌不同,性格各异,栩栩如生。这样多大而精的雕塑群,中外史上独一无二。同时出土的大量秦代兵器,显示了当时高度的科学技术水平。其中的青铜剑和箭簇,虽长期埋藏地下,仍锋利如新,熠熠发光。经化验,其中含有微量的稀有金属。它们表面经过铬化处理,上有一层1-2毫米厚的铬盐氧化物。这样的冶金技术,在当时亦是世界之冠。

秦兵马俑是一面历史镜子,使人们形象地看到2000多年前秦始皇在统一中国时兵强马壮的煊赫声势,也看到秦朝繁重的赋役及其只经15年便覆亡的原因。它又是一幅古代军事画卷:一号坑兵马战车自西向东列成38个纵队,分前锋、侧翼和后卫,反映古代的军列;二号坑由89乘战车及200多骑兵、600多步兵组成混合编制的曲尺形战阵;三号坑形成凹形,有四马战车一乘,卫士86个,是军帅的指挥部。3个坑形成一个严整的古代军阵场面。

秦兵马俑,对研究秦朝的政治、军事、文化艺术都有重大意义。它是世界的奇迹,是中华民族的骄傲。

成吉思汗陵

成吉思汗是蒙古族有名的政治家和军事家。1227年,他病逝于征伐西夏的途中,被秘密安葬了。后来把他生前用过的宫帐安放在草原上,并建成8座白色毡帐,称为“八白室”,这就是成吉思汗象征性的陵寝。“伊金霍洛”在蒙语中即为帝王陵墓之意。1956年,在此正式建成成吉思汗陵。

成吉思汗陵由3座互相连接的陵宫组成。正殿高26米,白色墙体上拱立着蒙古包式的穹庐顶,殿顶以黄白色琉璃瓦镶砌出吉祥图案。陵宫中央有5米高的成吉思汗坐像。正殿后面的寝室中,安放着成吉思汗与三夫人的灵柩。东殿、西殿各高23米。东殿安放成吉思汗四子拖雷及夫人的灵柩,西殿则供奉着9面旗帜,象征9员大将。正殿的东西廊中有描绘成吉思汗征战一生与忽必烈统一中国过程的大型壁画。殿外有两个巨大的木制车轮,据传是当年运载成吉思汗灵柩时用过的车轮,因而受到祭祀者的尊崇。

明朝十三陵

在北京昌平天寿山南麓,距京45公里处有一个三面山峦环抱的地方,埋葬着明代13位皇帝,这就是十三陵。

陵区东西长约6公里,南北长约9公里。明成祖朱棣的陵墓——长陵,居陵区正中,位于天寿山主峰前。其余各陵分列两侧,依山环绕。从明代起帝陵制较为集中,且有序列,以始葬帝陵为主,各陵共设一个总神道,从总神道分出通往各陵的道路,各陵自有一个陵园。

各陵的陵园建制相同，规模有异。陵园平面均呈长方形，依中轴线上建有陵门、碑亭、陵恩殿、方城明楼、宝城等。宝城内有半球形封土，俗称宝顶，其下是地下宫殿，存放帝后棺椁。

十三陵中最为著名的是长陵和定陵。长陵以其建筑宏伟著称。其陵恩殿为面阔 9 间，进深 5 间的重檐庑殿顶建筑，是我国陵寝建筑中最大的殿堂，面积达 1956 平方米。定陵是明神宗朱翊钧的陵寝，其地宫经考古发掘后又对外开放。在定陵博物馆陈列室中，还展出地宫中出土的大量珍贵文物。

清朝东陵

清代帝陵有三处，入关前集中在辽宁沈阳市周围，入关后集中在河北遵化清东陵和易清西陵。遵化马兰峪西的昌瑞山麓，被清世祖顺治皇帝选作万年吉地。因其位于北京东 120 多公里处，故称清东陵。

清东陵建有帝陵 5 座、后陵 4 座、妃园寝 5 座，埋葬了顺治、康熙、乾隆、咸丰、同治 5 个皇帝、14 个皇后、136 个嫔妃，是我国现存规模宏大、规制完整的帝、后陵寝建筑群。顺治帝的邦陵是整个陵区的中心，坐落在昌瑞山主峰下，其他陵寝各依山势分布在孝陵东西两侧。

孝陵规模大，设置全，成为整个陵区的轴线。由南向北依次有石牌坊、大红门、更衣殿、神功圣德碑楼、石桥神道、碑亭、神厨库、陵恩门、隆恩殿和宝顶等数十座建筑物，布列清晰，主次分明。

隆恩殿是陵院的主体建筑，是安放死者神牌、进行祭祀的场所。在各陵隆恩殿建筑中，以慈禧太后陵的工艺水平最高，最精美考究。地宫位于宝顶之下，棺椁置于其内。已整理开放的地宫中以乾隆帝裕陵地宫最豪华精美，是罕见的地下石雕艺术宝库。

中　山　陵

位于江苏省南京市东郊钟山的茅山峰南麓的中山陵是伟大的民主革命先行者孙中山先的陵寝。

孙中山于 1925 年 3 月 12 日在北京逝世，遗体暂厝西郊香山碧云寺。1929 年春，由吕彦直设计的中山陵建成，6 月，孙中山先生的遗体下葬于中山陵。

中山陵坐北朝南，西邻明孝陵，东毗灵谷寺，前临平川，后拥青嶂，环陵遍植苍松翠柏，庄严肃穆。整个建筑群平面构图呈警钟形，建筑依山势而层层升高，气势宏伟，给人以高山仰止之感。主要建筑有祭堂、墓室、碑亭、墓道等，占地 8 万平方米，陵区总面积为 2000 多亩。

陵墓的前方有半月形广场，南侧直立孙中山先生的全身铜像。广场上石阶正中，有三间楼式花岗石牌坊，用蓝色琉璃瓦盖顶，中央石匾上镌刻着孙中山手书“博爱”金字。再往上为宽 40 米、长 400 多米的墓道。陵门门额上，镌刻着孙中山手书“天下为公”镏金大字。碑亭为竿檐歇山顶式，亭中墓碑刻有孙中山先生的安葬日期。碑亭至祭堂的石阶用苏州金山石砌筑，共 290 级。

祭堂内有孙中山石雕坐像，高 4. 6 米。祭堂后为墓室。室内墓穴中安置有孙中山先生的大理石石雕卧像，卧像下深 5 米处即为遗体安装处。

中山陵除主体建筑以外，陵前附近还有备界人士及海外侨胞为缅怀孙中山而集资修建的纪念性建筑，主要有音乐台、革命历史图书馆等。在中山陵附近，还安息着孙中山的战友廖仲恺等。

名　寺

洛阳白马寺

白马寺位于河南省洛阳市东12公里处,是佛教传入我国后建的第一座寺院。东汉明帝时,请来印度僧人迦叶摩腾(摄摩腾)和竺法兰,安置在鸿胪寺居住,以后便以“寺”称供佛修道之所。为纪念高僧用白马驮载经像,遂于永平十一年(68年)建寺,命名白马寺。

白马寺经历代重修,已非东汉时原貌。现存寺院,主要是明清建筑。全寺坐北朝南,南北长240米,东西宽136米。寺内主要建筑分布在中轴线上,依次为山门、天王殿、接引殿、清凉台及毗卢阁。其中清凉台高6米、长43米、宽33米,用砖砌成,下有石券洞。台上筑毗卢阁,面5间,进深3间,宽17米,进深11米为重檐歇山顶建筑。东西配殿中塑有摄摩腾与竺法兰坐像。

寺内佛教文物很多,有唐、宋石经幢各一座,宋以后碑石数十通。山门内两侧有摄摩腾和竺法兰圆寂后墓冢。

寺东南还有金代大定15年建造(1175年)的齐云塔,又称释迦舍利塔。此塔为方形砖塔,外形呈抛物线形,造型稳健优美,有唐塔遗风。

杭州灵隐寺

在风景幽美的杭州西湖西北面的幽谷中有一座享有盛誉的古刹——灵隐寺。寺院面对飞来峰,背靠北高峰,是江南名寺之一。

公元326年,印度僧人慧理和尚来到杭州,见到这里峰奇山秀,溪清水急，认定这是佛经上讲的“仙灵所隐”之地，因此四处募捐，建造寺院，并取名为“灵隐寺”。这座历史久远的佛教寺院在五代吴越（公元 10 世纪）时为全盛时代，相传有九楼十八阁，七十二殿，一千三百间房屋，三千僧人。

灵隐寺内有一个千古传名的雕塑——酒肉罗汉。这是在大雄宝殿如来佛祖背后的大型群塑“善财童子五十三参”上面，一个手拿破扇子，不修边幅的特殊人物。这位酒肉罗汉就是济公。

济公的塑像和传说给灵隐寺带来了几分诙谐，几分热闹。

灵隐寺的建筑十分恢宏，主要建筑有天王殿、大雄宝殿等。寺中的两座八角九层仿木结构的石塔已有一千多年历史，两座石经幢也有一千多年的历史，是重要的古代文物。

苏州寒山寺

月落乌啼霜满天，江枫渔火对愁眠。

姑苏城外寒山寺，夜半钟声到客船。

唐代诗人张继的这首诗篇，千百年来被人们广为传诵，寒山寺也因此而名扬中外。

寒山寺位于苏州城西阊城外 5 公里的枫桥镇，它建于南朝梁天监年间，即公元 502—519 年，最初名为“妙利普明塔院”。相传，唐朝贞观年间，和合二仙化身的高僧寒山、拾得由浙江天台山来到这里，于是就改名为“寒山寺”。

寒山，是个怪僧，曾隐居在天台山寒岩，而自号“寒山子”。他常常跑到各庙中“望空噪骂”，和尚们轰他，寒山便哈哈大笑而去。寒山和拾得在出家前就是一对好朋友。拾得也是个苦出身，他刚到这个世界，便被父母遗弃。天台山的封干和尚把他捡来，带到寺中抚养，并起名“拾得”。后来，他出家到天台国清寺当了小和尚，分配在厨房干杂活。而此时，寒山也在国清寺当“火头军”。两人本来就是好朋友，如今在一个寺院，更是亲如手足，形影相随。

寒山和拾得都很有悟性，又都喜欢诗歌，两人经常溜出寺院在青山秀水之间吟诗唱偈，针砭时弊，反映世态炎凉，语言也浅近易懂，亦庄亦谐，很受人们喜欢。

有一年，国清寺大主持准备在寒山、拾得二人之间选一人做管理道场的工作。寒山知道后，为成全拾得，就独自一人不辞而别到苏州立庵去修行。拾得发现后，马上打点行装去找寒山。为了图个吉利，拾得在路上采了一技荷花，经过长途跋涉，终于找到了寒山。寒山见拾得远道而来，就手捧盛着素斋的篦盒相迎，两人相视而笑。现在，寒山寺碑刻上的“和合二仙”，就是两位好朋友久别重逢的情景。

宋朝太平兴国初年，苏州节度使孙承祐重建宝塔七层，改称“普明禅院”。元朝末年，寺和塔遭到毁坏。以后苏州知府况钟重修，并且建了钟楼，铸了巨钟。

现今的寒山寺外墙上横书“寒山古寺”四个苍劲的大字。寺内黄墙绿瓦，树木森森，殿宇轩昂。山门之内是弥勒和韦驮像，弥勒笑容可掬、如迎游人。两侧偏殿的五百罗汉，造型各异，古朴生动。

寒山寺以钟传名。据传明代所铸的巨钟，声音宏亮，声闻十里。从1979 年起，寒山寺就组织了除夕夜听钟声的活动。寒山寺的夜半钟声为寂静而萧瑟的冬夜平添了无限的韵味，给夜泊的客船送去了绵绵的情意。

拉萨大昭寺

位于西藏拉萨市中心的大昭寺，是西藏著名的佛教寺庙。相传由嫁与吐蕃首领松赞干布的尼泊尔尺尊公主和唐朝文成公主共同主持兴建。寺名大昭，即供奉大佛之意。

大昭寺坐东面西，占地 2.5 万平方米。主殿高 4 层，殿顶为藏式金顶和法轮，殿内供奉着文成公主进藏时带去的觉卧佛像即释迦牟尼像。两廊殿党则供奉松赞干布和尺尊、文成两公主塑像以及其他佛像。

该寺建筑以藏式为主，也多处采用唐代的梁架、斗拱、藻井等形式。在四周廊庑和殿堂四壁遍绘藏式壁画，表现“文成公主进藏’等史实，总长达千米,具有极其重要的史料价值和艺术价值。

大昭寺门前还矗立着一通石碑,为 823 年所镌刻的唐蕃会盟碑。碑南长有一株柳树,相传为文成公主亲手所植,俗称唐柳或公主柳。

西藏日喀则扎什伦布寺

藏语意为吉祥须弥山,在西藏日喀则县南的尼色日山下。明正统十二年(1447 年)由西藏佛教格鲁派(黄教)创始人宗喀巴的门徒达赖一世根敦主兴建,是班禅四世以后历世班禅举行宗教和政治活动的中心。依山傍水,层楼高耸,金顶碧瓦,巍峨庄严。周围筑有城垣,方圆约 2 平方公里。为西藏佛教格鲁派第四大寺。全寺分脱桑林、夏孜、吉康、阿巴四个扎仓(经学院)。内有殿堂数十处,壁画生动、风格回异。另有历代班禅灵塔,塔身包裹银皮,镶嵌各色宝石,辉煌灿烂,耀人眼目。寺内收藏的佛像、唐卡(卷轴佛画)、刺绣以及各种精美贵重的珍玩、供器、瓷器等亦极丰富。文物中还有明清两代皇帝颁发的大量金玉印章、封浩敕书以及镌有八思巴文元代"大司陡印"印章,为研究西藏古代文化和藏汉关系史的重要资料。

青海煌中的塔尔寺

藏语称本,意为十万佛像。在青海湟中县鲁沙尔镇西南隅。得名于大金瓦寺内纪念西藏佛教格鲁派(黄教)创始人宗喀巴的大银塔。始建于明嘉靖三十九年(1560 年),是格鲁派六大寺院之一(其余五寺为西藏的甘丹寺、色拉寺、哲蚌寺、扎什伦布寺和甘肃的拉卜楞寺)。整个寺院依山势起伏,高低错落,由大金瓦寺、小金瓦寺、小花寺、大经堂、大厨房、九间殿、大拉浪、如意宝塔、太平塔、菩提塔、过门塔等大小建筑,组成完整的藏汉结合的建筑群。每年农历正月、四月、六月、九月举行四大法会,十月、二月举行两小法会,尤其是正月十五日的大法会,以许多美妙的宗教传说、神话故事和艺术水平很高的三绝(指酥油花、壁画、堆绣),吸引数以万计的藏、蒙、土、汉等各族群众，来寺瞻仰朝拜。从而使全寺成为西北地区佛教活动的中心，并在全国和东南亚一带享有盛名。

蓟县独乐寺

蓟县有一座建筑雄伟、历史悠久的千年古刹——独乐寺。

独乐寺内有一座巨大的观音阁，高达 23 米，人们在十里之外也可依稀见到它的英姿。观音阁是独乐寺的主体建筑，与山门、回廊连成南北轴线，显示了唐代寺庙建筑布局的风格。阁内有中国最大的观音塑像，像高 16.27 米，人站在观音像旁，只及她的脚腕；欲看观音头顶，必须后仰 90 度。这个巨大的观音头冠上，有 10 个小观音头像，因而又称“八面观音”。

这座寺院在中国建筑史上享有“六最”之誉：观音泥塑是最大的；山门及山门上的“鸱尾”是现存最早的；观音阁是现存最古老的木结构高层楼阁；以阁为中心的平面布局，是中国建筑史上采用最早的；寺历经 28 次地震而巍然屹立，是最结实的千年古刹。

正定隆兴寺

隆兴寺位于河北正定县城东门里街，是我国现存时代较早，规模较大、保存较完整的佛教寺庙建筑群。寺院原为后燕慕容熙的龙腾苑，隋开皇六年(586 年)在苑内改建寺院，初名龙藏寺。宋太祖赵匡胤于开宝四年(971 年)敕命扩建，改名龙兴寺。清康熙、乾隆时又增建，并改名隆兴寺。又因寺内供一尊巨大铜铸菩萨像，俗称大佛寺。

隆兴寺占地 6 万平方米，平面呈南北长方形，布局和建筑均保留着宋代风格。主要建筑分布在一条南北中轴线上及两侧。南面迎门为一座琉璃照壁。寺内有天王殿、大觉六师殿、摩尼殿、坛、慈氏阁、康熙及乾隆碑亭、大悲阁、毗卢殿等。其中天王殿、摩尼殿、慈氏阁和转轮藏阁均为宋代建筑。

摩尼殿创于宋皇祐四年(1052 年),平面布局呈十字形,四面正中各出抱厦,为国内孤例。殿内有释迦牟尼说法像,为宋代原塑。扇面墙背后有彩塑海岛观音,是不可多得的艺术珍品。

大悲阁是寺院后部的主体建筑,阁高 33 米,5 檐 3 层。阁内矗立一尊千手千眼观音铜像,高 22 米,是我国现存最高大的铜铸立佛像。

慈氏阁和转轮藏阁保存了早期木结构建筑的特点,在建筑史上具有极高的价值。

毗卢殿位于中轴线北端,殿内有一座多层周身满铸佛像的铜铸佛教文物。铜铸多面佛像构思巧妙,铸造精细。三层莲座铸像成为一个整体,每一莲瓣上铸一小佛,共 1000 尊小佛,三层莲座上各铸 4 尊毗卢佛,逐层收小,总计 1012 尊佛,构成千佛绕毗卢的形状,是一件罕见的铜铸艺术珍品。

隆兴寺因创建久远,寺内碑碣林立,其中最珍贵者首推龙藏寺碑,为隋代所立(1586 年)。书法苍劲有力,上承南北朝书风,下开盛唐诸家书法先河,在中国书法史上占有重要地位。

山东曲阜的孔庙及孔府

一、孔庙:在山东曲阜县城内,南接旧城垣,东与孔府毗邻。是历代祭祀孔子的地方。孔子(公元前 551—前 479 年)名丘,字仲尼,春秋末期的思想家、政治家、教育家,儒家学派的创始人。殁后一年,鲁衷公将其故宅三间改建为庙,“岁时奉祀”自西汉以来,历代帝王不断对孔庙进行重修、扩建,成为一处规模宏大的古建筑群。前后共九进院落,前有棂星门、圣时门、弘道门、大中门、同文门、奎文阁、十三御碑亭。从大成门起,始分三路。中路有杏坛、大成殿、东西庑、寝殿。圣迹殿等;东路为孔子故宅,有诗礼堂、礼器库、鲁壁、故宅井、崇圣祠、家庙等;西路为祭祀孔子父母的启圣王殿、启圣王寝殿及用以习乐的金丝堂和乐器库等。全庙共有殿堂阁庑四百六十六间,南北长 1 公里多,总面积 327 亩;周匝垣墙,配以角楼,苍松古柏,森林罗列;殿宇雕梁画栋,金碧辉煌。庙内碑刻上至两汉,下迄民国，真草隶篆，各家书体俱备。巨者逾丈，小者不盈尺。种类有：谒庙、祭告、修庙、墓志、画赞、诗文、名家法帖、汉画像石等，共二千余块，是我国罕见的大型碑林之一。解放后，曾对主要殿宇进行多次大修，还辟有汉魏六朝碑刻、汉代画像石刻、玉虹楼法帖石刻三个陈列室。

二、孔府：旧称衍圣公府。在山东曲阜县城内，西与孔庙毗邻。为历代衍圣公的官署和私邸。汉代封孔子嫡裔为奉祀君、关内侯；唐开元年间封文宣公；宋至和二年（1055 年）封孔子四十六世孙孔宗愿为衍圣公，徽宗时又封世袭衍圣公。孔子嫡长子原住阙里故宅，称“袭封宅”。宋宝元年间另建新第，封衍圣公后，始改称衍圣公府。明洪武十年（1377 年）敕命于故宅东重建府第，弘治十六年（1503 年）再次拓广，嘉靖时重修。经明清历次维修扩建，遂具现在规模。面积 240 余亩，楼房厅堂四百六十三间，院落九进。其布局分为三路：东路为家庙所在地，有报本堂、祧庙、一贯堂、慕恩堂，还有接待朝廷钦差大臣的兰堂、九如堂、御书楼及酒坊等作坊；西路有红萼轩、忠恕堂、安怀堂，为旧时衍圣公读书和学诗学礼、燕居吟咏之所，南北花厅为招待一般来宾的客室；孔府主体部分在中路，前为官衙，设三堂六厅，外辖营管、百户、孔庭族长及曲阜县衙四个衙门。后为住宅，有前上房、前堂楼、后堂楼、后五间。最后是孔府花园。府内戒备森严，厅堂轩敞，陈设华丽。孔府存有明嘉靖十三年（1534 年）至 1948 年的档案，原按“天地玄黄、宇宙洪荒”千字文次序编目，解放后已整理出九千多卷。孔府收藏大批历史文物，最著者为“商周十器”，亦称“十供”，有：木工鼎、册卣牺尊、亚尊、伯彝、蟠夔敦、饕餮、夔凤豆、四足鬲。形制古雅，纹饰精美，原为宫廷所藏青铜礼器，清高宗于乾隆三十六年（1771 年）赏赐孔府。孔府收藏元、明、清以来数以千计的衣冠剑履、袍笏器皿等,其中元代七梁冠为国内仅有。

承德外八庙

承德是清代除北京城之外的又一个政治中心。从康熙帝起,每朝皇帝多在夏秋季节长住避暑山庄处理朝政。为了加强对边疆少数民族地区的统治,密切少数民族上层人物同中央的联系,清政府在避暑山往外围的山峦之间陆续修建了8座庙宇,接待各族首领或作拜佛之用,俗称“外八庙”。

外八庙的营建长达67年之久。它们环绕山庄,成为民族团结的象征。外八庙多为喇嘛庙,有溥仁寺、普乐寺、安远庙、溥善寺、普宁寺、须弥福寿之庙、普陀宗乘之庙和殊像寺。其中普乐寺建于乾隆三十一年(1766年),殿内藻井是明清古建筑最精美的藻井之一。

安远庙于乾隆二十一年(1756年)始建。当时清朝平定了新疆准噶尔部叛乱,准噶尔部的达什达瓦部众约6000人迁居承德。乾隆下令仿伊犁固尔扎庙形式建造该庙,供达什达瓦部众礼拜之用。安远庙成为清政府对边疆民族采取团结政策的历史见证。

普宁寺是乾隆帝为封赏在平定准噶叛乱中有功的颏厄鲁特四部而建造的。寺依西藏三摩耶庙形式,规模宏大,是我国寺庙建筑艺术的杰作。阁内供奉一尊千手千眼菩萨像,由金漆木雕而成,是我国著名的大型木雕佛像。

普陀宗乘之庙俗称小布达拉宫,是外八庙中规模最大的寺庙。是乾隆帝为接待各族王公贵族到承德朝贺而建。殿宇依山落成,布局自然而富于变化。主体建筑大红台高约25米,边长60米,以17米高的白石台为基座,大有城阁凌空之感。

须弥福寿之庙是1780年为后藏政教首领班禅额尔德尼六世长途跋涉到承德朝贺而建,俗称大行宫。庙分前、中、后三部。台西的万法宗源殿是班禅的寝殿,后部的金贺堂是班禅弟子的住所,建造该寺对巩固多民族的国家统一，发挥了重要作用。

山西太原的晋祠

在山西太原市西南25公里悬瓮山下晋水发源处。始建于北魏，为纪念周武王次子叔虞而建。叔虞封唐。子燮因晋水更国号，后人因以，命祠名。郦道元《水经注》记载："际山枕水，有唐叔虞祠。"唐叔虞祠即今晋祠。屡经修葺变迁，至北宋天圣年间(1023—1032年)追封唐叔虞为汾东王，并为其母邑姜修建了规模宏大的圣母殿，殿内有四十三尊宋代彩塑，殿前鱼沼飞梁为国内所仅见。殿两侧为难老、善利二泉，难老亭为北齐天保时创建，明代重修，八角攒尖顶。晋水主要源头由此流出，常年不息，水温17℃，清澈见底。祠内贞观宝翰亭中有唐太宗撰写的御碑《晋祠之铭并序》。祠内还有著名的周柏、隋槐。周柏位于圣母殿左侧，隋槐在关帝庙内，老枝纵横，至今生机勃勃，郁郁苍苍，与长流不息的难老泉和精美的宋塑侍女像被誉为"晋祠三绝"。

四川成都的武侯祠、杜甫草堂

一、武侯祠：在四川成都市南郊，西晋东年十六国成(汉)李雄为纪念三国蜀丞相武乡侯诸葛亮而建。在成都少城内，后迁至南郊，与蜀先王刘备昭烈庙相邻。明初武侯祠并入昭烈庙，故大门横额书"汉昭烈庙"。现存殿宇系清康熙十一年(1672年)重建。杜甫《蜀相》诗云："蜀相祠堂何处寻，锦官城外柏森森。"祠内古柏葱郁，环境幽雅，青瓦红墙，殿宇宏伟。文物有著名唐碑，通称"三绝碑"。刘备殿东壁为近人沈尹默书《隆中对》，西壁有岳飞书《出师表》木刻。东西偏殿，有关羽、张飞等塑像。东西两廊，分别为文武廊房，塑蜀汉文宫、武将二十八人，形态生动，塑像前均有小石碑，镌刻本人传略。诸葛亮殿正中为武侯贴金塑像，两侧为其子诸葛瞻、孙诸葛尚塑像。殿内外匾对甚多，最著者为清赵藩一联："能攻心则反侧自消，从古知兵非好战；不审势即宽严皆误，后来治蜀要深思。"诸葛亮像前,有铜鼓三面,称诸葛鼓,铸于公元6世纪以前。殿西侧为先主惠陵,封土高12米,环以墙垣。

二、杜甫草堂:在四川成都市西郊浣花溪畔,为唐代诗人杜甫成都故宅旧址,原宅中唐后已不复存。北宋元丰间,始重建茅屋,立祠宇。元、明、清历代均曾改建修葺,明弘治十三年(1500年)及清嘉庆十六年(1811年)的两次修建,奠定了今日草堂规模。主要建筑自前至后有大廨、诗史堂、柴门、工部祠。诗史堂两侧为陈列室,环以加廊与大廨相连,布局紧凑,相互呼应,别具一格。园林总面积约300亩,梅园楠林,翠竹千午。溪流小桥交错庭中,使诗人故宅,增添无限诗情画意。每当农历正月初七,俗谓人日,游人前来赏梅凭吊者络绎不绝。杜甫(712—770),字子美,安史之乱后于唐乾元二年(公元759年)流寓成都,濒浣花溪筑茅屋而居,历时近四年。名篇《茅屋为秋风所破歌》即居草堂之作。

名　塔

浙江杭州的六和塔

又名六合塔。在浙江杭州市城南钱塘江边月轮山上。北宋开宝三年(公元970年)吴越王钱弘俶为镇江潮而建。塔身九层,高五十余丈。塔上装灯,江上夜航只赖以导引。宣和三年(1121年)毁于兵火。现存砖构塔身系南宋绍兴二十三年(1153年)重建,塔刹系元代元统二年(1334年)遗物,外部木檐系清光绪二十六年(1900年)重建。今塔高59.89米,八面七级,每层中心都有小室。砖构塔身的柱子和斗拱等均仿木构建筑形式。四周廊子铺有踏磴,可通顶层。每层廊子两侧都有壶门,内通小室,外通檐廊。塔内所有须弥座上,有砖雕神人、飞天、花卉、鸟兽等图案,与《营造法式》所载如出一辙，是我国建筑史上珍贵的实物资料。登塔临槛，江中景色，尽收眼底，有“人立青冥最上层”之感。

江苏苏州云岩寺塔

云岩寺塔耸立在我国江苏省苏州市虎丘山顶，又名虎丘塔。它始建于后周显德六年（959 年），落成于北宋建隆二年（961 年），是古城苏州的象征。

云岩寺塔为仿木结构楼阁式砖塔，八角形平面，共 7 层，高达 48 米。塔身由下而上逐层收缩，略呈弧形，雄壮古朴。各层用压雕出平座、柱额、斗拱及门窗，并以白色黑色等涂饰表层，愈显雍荣华贵。塔由外壁、回廊和塔心室组成，回廊内设木梯可登攀而上，各层斗拱、藻井异常精美。

国外建筑学家称云岩寺塔为“中国的比萨斜塔”。因塔基北端下沉 0.48 米，至使塔顶北偏距塔心 2.3 米，成为我国倾斜最大的砖塔。经过加固，塔基现已固定，倾斜不再发展。但云岩寺塔却正因顷斜而不倒成为中国古塔的一大奇迹，因为它比比萨斜塔还早 100 多年。

青铜峡 108 塔

宁夏青铜峡县峡口山黄河西岸一个向东的陡峭山坡上，有一个依山势从上到下按 1、3、5、7 奇数排列成 12 行，形成总体为三角形的巨大塔群。塔共有 108 座，因而被称为“108 塔”。

108 塔背山面水，在蓝天和黄水的映衬下，显得分外奇特和壮观。

108 塔是我国古塔建筑中唯一的大型塔群，它历史悠久，建于佛教盛行的西夏王国时期。

据史书记载，原塔是宝珠式的顶塔，单层八角须弥座。建于何时，已无从考据。后人在此基础上仿古建成了圆锥体的小白塔群，即现在的塔形。

古塔是一种实心喇嘛塔，塔心正中立一竖木，内填土坯，外部用砖砌护成形，塔外涂白灰而成。整座塔结构合理，气势磅礴。

108 塔是佛教纪念性的建筑。佛家认为，人的烦恼有 108 种，为清除烦恼，规定僧人戴珠 108 颗，念佛 108 遍，敲晓钟 108 响，因而有人认为，108 塔是为佛教密宗中毗卢遮那 108 尊法身契印所建的佛塔，是对佛表示虔诚的象征。

云南大理三塔

我国云南的大理三塔又名崇圣寺三塔。三塔一大二小，成三角形排列在云南大理县北原崇圣寺前。大塔称千寻塔，是我国层数最多的密檐

式塔。塔高 60 米，16 层，方形平面。每层正面开券龛，置白色大理石佛像一尊。塔外形与唐代西安小雁塔相似。塔内中空，早年可登临而上。唐南诏时建此塔。1979 年维修此塔时，在塔顶和塔下发现了唐、宋时期珍贵文物 600 余件。

以千寻塔为主塔，两座小塔南北相峙，距离 90 米，均为八角十级密檐实心砖塔，各高 42 米。塔身外都涂有白色泥皮，二小塔建于五代大理国时期。大小三座白塔并立，为苍山、洱海增色添辉。

应县木塔

山西北部的应县木塔，堪称我国的木塔之王。

应具木塔雄姿勃勃，首先给人以高大、浑厚、舒展的印象。它建造于

辽代清宁二年（公元1056年），历经千年风雨，承受了金、元、明几次大地震的考验，尤其是元代顺帝时那次连续七天的大地震，地动山摇，许多建筑物都摇曳了、战栗了、倒塌了，而它却楚楚挺立，腰不弯，背不驼。经过近年来的整修，它更加精神抖擞，容光焕发。难怪，站在木塔面前，许多人都有一个共同的感受，觉得自己增添了朝气，年老的感到年轻了许多……

应县木塔正名应该叫佛宫寺释迦塔。佛宫寺在应县县城，占地面积很大。可是，由于木塔顶天而立，佛寺似乎也变得窄小了。木塔的“高”与它的“古”一样，在国内是无与伦比的。它高67.13米，比北京北海白塔高出31.23米，比西安的大雁塔也高出7.23米。佛院与木塔组合在一起，给人以不甚谐调的感觉，好像这样的地面是容纳不下这个塔中的巨人的，有点头重脚轻，像是胖人穿了瘦衣裳。

有人说，应县木塔是辽代兴宗皇帝为他心爱的妃子观赏美景而修的，也有人说是兴宗皇帝为让他的王公大臣们观战而建的。这些问题，留给专家们去考证吧。可以肯定的说，应县木塔是我们祖国木结构建筑中的杰作，从旅游的角度来说，它应该算是中国一景。

它保持着木质的本色，质朴无华，粗犷中透出一种特有的玲珑。既看不到金涂漆饰，更没有溢彩流光。五层、六檐、八色形。外表已经是富于魅力，而内里就更显秀气。外观五层内里还有暗层四级，实际上是九层。底层直径30米，稳稳当当坐在四米高的两层石砌台基上。双层套筒式结构，有梁枋相连接。立柱与横梁纵横交错，斗拱和大梁互相拉结，暗层中使用大量的斜撑，使整个建筑物具有坚强的整体性。现代科学建筑用圈梁加固，作为抗震的一个重要设施，这个科学原理，在应县木塔的建筑中已经得到具体而出色的运用。木塔周身不用铁钉连接，在地震中能稳如泰山，正是我们的祖先科学智慧的力量在起着作用。

木塔并不是高不可攀的，由底层有木楼梯一直通向高层。木塔也并非腹中空空，那里是艺术的陈列室。底层高11米的壁画。近年来，又在塔中发现了辽代的写经、刻经、佛画像等文物。藻井设计巧妙，斗拱美饰变化，都让人惊叹叫绝。

北京妙应寺白塔

坐落在北京市西城区的妙应寺白塔，是我国建筑年代最早、规模最大的一座元代喇嘛塔。该塔由忽必烈请尼泊尔工匠阿尼哥于至元八年(1271年)设计建造。因塔身洁白，俗称白塔。

白塔通高59米，下有三层须弥座台基，上有莲座。亚字型须弥座上部向内收分，增加了稳健美感。塔身形似宝瓶，上肩略宽，使造型更丰满浑厚。塔脖上有层层收缩的相轮，顶部承托着直径近10米的铜制宝盖，宝盖边缘悬挂流苏和铃铎，显得格外端庄秀美。宝盖上部还有5米高的铜质塔刹，重达4吨。1979年，文物部门在维修白塔时，在顶部发现了乾隆皇帝书写的大藏经等珍贵文物百余件。

陕西西安大雁塔、小雁塔

一、大雁塔：在陕西西安市南4公里的慈恩寺内。寺为唐高宗为其母追荐冥福而建。本名慈恩寺塔，因《慈恩寺三藏法师传》卷三中记：摩揭陀国有一僧寺，一日有群鸿飞过，忽一雁离群落羽，摔死地上，僧人惊异，认为雁即菩萨，众议埋雁建塔纪念，故名。唐永徽三年(公元652年)，慈恩寺主持僧玄奘为保护由印度带回的经籍，由唐高宗资助，在寺内西院修建。初建为砖表土心5层方形，长安年间，纯用青砖改修成云彤楼阁式7层、登塔攀梯也改成盘道。大历平面又改建为10层。后经战火破坏，剩下7层，明代塔又残坏，在外表加砌西砖予以保护，即为今塔。高59.9米。塔基座东西45.9米，南北48.8米，高4.2米，合底座与塔身总高64.1米。塔南面两则镶嵌唐太宗撰《大唐三藏圣教序》和唐高宗撰《大唐三藏圣教序记》碑二通，书者为书法家褚遂良，字体秀丽，为唐代遗留于后世的名碑。塔的门楣、门框，以阴线雕刻唐代建筑图案，画面严谨，线条遒劲，是研究我国古代建筑的重要资料。

二、小雁塔：在陕西西安市南的约1公里处的荐福寺内。寺创建于唐文明元年(公元684年)。初名献福寺,是为唐高宗献福而建立的寺院。塔修建于景龙年间,因比慈恩寺大雁塔小,故名小雁塔。塔身为密檐式方形砖构建筑,初为15级,后经多次地震,塔顶被震坍,塔身破裂,现余13级,塔基座亦呈方形,塔底层每面长11.83米,通高43米。型体秀丽美观。

陕西崇文塔

在关中沃野,泾阳县县城东南10公里的泾河北岸上,巍然矗立着一座古建筑——崇文塔。它是中国现存最高的砖塔,高79.19米,共13层。

崇文塔是根据八卦悬顶的古建筑原理设计的,每层均为八卦悬顶收顶,从塔底到塔顶全用青砖修筑。整个塔身为八棱形状,底层每边长9米,周长共72米。每层各有4个窗,各层外面均有4个佛龛,佛龛同窗交叉而上。佛龛中放置明代石刻佛像,坐立不一,其形态极为生动。底层是密檐式,南塔门上刻有"崇文宝塔"四字。二层内铸有金属站立佛像一尊,造形精湛。该塔每层有砖檐椽头及砖雕各式各样的花纹,每角相交为砖砌圆柱形,甚为壮观。从底层南门进入塔内,每层均有台阶,可曲折而上直到塔顶。每上一层;塔内塔外均可绕塔一周游览。最高层外一周筑有城堡式垛口,高约1.5米,游人可绕塔顶转一周,俯看时有惊无险。塔顶系以约5米高的铜药葫芦收顶。当天气晴朗时,在最高层绕顶一周,西安、咸阳,骊山华清,太白积雪,昭陵乾陵等几百里景物全然可见,秦川景色历历在目,甚为壮观。

崇文塔是明万历19年(公元1591年)李世达重修寺院时拟议,万历21年(公元1593年)正式动工,每年修建一层,每层刻有捐资人的姓名。修至第九层时李世达去世,由其女继承父愿于万历33年(公元1605年)竣工。

崇文塔在形式上打破唐代方塔的典型而演变为多角八角式,所有门洞均为卷拱式样,由底层至顶层完全采用螺旋卷拱的八卦悬顶砖构建筑。此塔虽经数百年风吹雨打,但塔身、地基均保持原状,坚固挺拔,堪为一方胜迹。现为陕西省重点文物保护单位。

名　园

北　海

北海是北京西苑(三海)之金鳌玉蝀桥以北的部分。从金代大定十九年(1179 年)建成大宁宫算起,已历金、元、明、清四朝八百年之久。因此,它是现存皇家园林中最古老的一处了。北海这一部分的总面积是 68 公顷,其中水面占 39 公顷,大体上划分为团城、琼华岛、东岸地带、北岸地带四个区段。

团城原来曾是海上三仙山之一的瀛洲岛,是一座海中的小仙山。在明代后期时,把岛的东南填成陆地,改筑为一座以砖城包镶的高台地。它的面积只有 4553 平方米,周长 276 米,高 4.6 米。城台上的主体建筑有承光殿和玉瓮亭等。团城是世界上最小最美的小城之一。

琼华岛是海上三仙山之一的蓬莱岛,从总体布局上看,它是整个西苑(三海)之“镇”。从此岛的造景艺术意匠上看,这座仙山也正是整个西苑(三海)中“仙气”最盛之区。它突出地反映着自远古流传下来的昆仑神话系统与蓬莱神话系统,以及这种浪漫的神话境界。今日所见,是经过了清代改建后的情况,与清代以前之历史记载相比,其“仙气”已经远逊于金、元、明时期的广寒殿等一系列的安排。现在山的东面、南面虽是以佛教建筑为主体,如永安寺、般若香台等,但山的北面与西面则突出地表现着清朝乾隆时代山地造园与滨湖楼阁的艺术成就,同时,也仍然反映着它作为仙岛和神仙宫苑的意境。那 60 间延楼飞阁的“廊腰缦回,檐牙高啄”,那倚晴楼、分凉阁、道宁斋、漪澜堂……的“蜂房水涡,矗不知其几千万落”。这一大组水阁绮殿之雕栏玉砌,金钉宫门,深廊天花,波光水影,完全使人感到是帝王之禁地,仙人之幽居了。当然,艺术的欣赏也要发挥想象。再看那山上,峭岩深壑,古木碧潭,飞廊精舍,山石洞府,交叉掩映,曲折婉转,旷奥兼备。每逢丹桂飘香的中秋月夜,在这瑶草、琪树、清泉、奇石,"人迹不逢,飞尘罕到"的仙山楼阁"太虚幻境之中",真使人感到是"琼楼玉宇高处不胜寒"了。这也正是当年岛上广寒殿的意境。

东岸地带因为有浴蚕池水系,所以在先蚕坛、画舫斋、濠濮间三处均有水。北岸地带除了镜清斋与賡观堂之外,大多为寺庙建筑。这些严整的建筑群之间,大多采用自然起伏的土丘分隔景区,使其各自成为封闭的单元,并融入于局部及总体的自然山水景色之中。

燕京八景和避暑山庄

北京是中国六大古都之一,好几百年前的金朝在这里建都时就有"燕京八景"之说,它们是:"居庸叠翠""太液秋风""玉泉春荫""琼岛春荫""蓟门飞雨""卢沟晓月""西山积雪"和"金台夕照"。后来明朝人又把"蓟门飞雨"改称"蓟门烟树";到清朝又将"玉泉春荫"改成"玉泉趵突""西山积雪"则改名为"西山晴雪",并且由乾隆皇帝题字刻碑流传至今。这八个景题诗意盎然,不仅告知地点,还特别提示了欣赏这些景点的最佳时节。时至今日,八景中除"金台夕照"已列遗迹外,其他景点还依稀可辨。

于1703—1790年在河北承德中北郊建成的避暑山庄,是一处与圆明园齐名的大型皇家园林。园内经康熙和乾隆正式命名的就有"月色江声""云山胜地""南山积雪"等72景。

山庄的规模十分宏大,占地面积达564公顷,为北京颐和园的两倍,仅四周连绵起伏的园墙就长达10公里。山庄由前宫后苑两部分组成。宫殿区是清朝统治者处理政务和生活的地方,以宫殿建筑为主体,但也有精心布局的园林环境。如皇太后居住的"松鹤斋"据岗临湖,宅后遍布苍松,可以在长松掩映下北望湖光山色,被称作"万壑松风"的佳景。

避暑山庄在地形多变的自然形胜之中,展开丰富多采的景色。苑内建筑综合了我国南北各地的不同风格。烟雨楼、金山亭等建筑组群明秀雅洁，一派江南韵味；正宫及松鹤斋等建筑组群则呈北方质朴浑厚的特色。设在湖泊区的亭榭楼阁，大多借助于水来造景。湖面有意用洲、岛、桥、堤分隔，形成7个形态与大小各不相同的水面，并处处植荷，香远溢清；平原区遍植万树成园，其间设蒙古包，显示了北国草原风光的景象。在山峦区广布松林，梨树峪遍谷栽梨，大有梨花伴月的诗情，另一山谷则槭树满坡。

豫　园

在上海闹市的老城厢中有一座独特的明代园林——豫园。豫园不仅有堂馆轩榭、亭台楼阁，而且还有水池溪流、奇峰异石。豫园在艺术上以小见大，于咫尺之间展雄伟之姿。大假山层峦叠嶂，似有高山磅礴之势；萃秀堂恬静安适，大有壶中日月之感。

豫园的建造印刻着历史的痕迹。

明朝嘉靖年间，户部尚书潘恩的次子潘允端，聪明伶俐，十分喜爱读书，他生活的最高理想就是“洞房花烛夜，金榜题名时”。为此，他三更睡，五更起，秉烛夜读，以此达到“学而优则仕”的目的。然而，苍天无眼，潘允端在公元1559年的会试中名落孙山。面对亲友的嘲讽和生活理想的破灭，他终日愁眉紧锁，闷闷不乐。在一番思索后，潘允端决定一边读书，一边在宅西菜畦上构亭，栽竹，建造园林，以消磨岁月。3年以后，潘允端在会试中中了进士，终于实现了朝思暮想的功名仕途。他出任官职，离别家园，建造到一半的亭园也只得中止了。

官场无常客，十年后，潘允端解职回乡。在官场失意后，潘允端就把扩建亭园作为自己的精神寄托。聘请了当时上海的园艺名家张南阳担任设计和叠山。张南阳以独具匠心的艺术手笔将园林布置得虚实互映，高低相错，曲折有法，前后呼应。经过十年的精心施工，一座占地七十余亩的江南园林出现在上海了。为给这座园林取名，潘允端煞费心机，最后定为“豫园”。因为“豫”与“愉”两字相通，潘允端造园的目的是“愉悦老亲”。

豫园建成后，自然是大大风光了一番，祝贺者络绎不绝，一时成了上海老城厢中的一大景点。然而，潘允端早年的锐气和功业精神都随着岁月的流逝而消磨掉了，他开始玩物丧志，终日设宴演戏，陈铺浪费，长期的挥霍无度致使家业衰落，子孙又是无赖纨绔，不图经营，坐吃山空，园林变得一片荒芜。到清初，豫园已是陋室空堂，枯草衰杨。

几十年后的乾隆盛世，一些绅商为了能有一个集中的活动场所，筹资重建豫园。重建后的豫园气势不凡，还加了大池溪流、奇峰异石，被公认为江南名园。

故宫御花园

初次游览北京故宫博物院的人们，往往为了了解明清皇宫的布局，从天安门北上，穿端门，进午门，领略前朝三大殿的雄伟和内寝后三宫的雍华。在这条紫禁城中路的北端，有一区休憩的园林，这就是大家熟悉的御花园。

御花园落成于明代建造紫禁城宫殿的同时，那是永乐十八年(1420年)的事，距今已有五百多年了。园中的一些参天古树，是历史的最好见证。当时，皇帝和皇后住在后三宫里，因此称它为“宫后苑”。清代雍正起，皇帝皇后迁到养心殿居住，这里遂称为“御花园”了。

后三宫之北的坤宁门，是御花园的正门。从坤宁门北望，迎面就是座基园中的钦安殿一院。它的院墙正中，为天一门，虽小巧别致，却很威风。前有金麟怪兽伫立，下有玉石台基相衬，摆置了各式各样的园石，供人们观赏。其中，数一块有“孔明拜北斗”影纹的砾石最吸引观众了。钦安殿，重檐平顶，上安渗金佛塔宝顶，形制奇特。如果正巧碰到开门时，可以看到殿内供奉着玄天上帝。听说明清两代每年立春、立夏，立秋、立冬之日，皇帝都要到这里来拈香行礼。每逢“天祭”，皇宫里的道官、道众还在这里设醮称表。

钦安殿两旁的东西两路，初来的人一看，往往以为是对称的。因为东西园中的万春亭和千秋亭都是四出抱厦组成十字折角的多角亭,屋顶也都是“天圆地方”的重檐攒尖;它们北边的浮碧亭和澄瑞亭都是南出抱厦的一式方亭,跨于水池之上;东北和西北苑角的凝香亭和毓翠亭都是带蓝花屋顶的小方亭。可是,仔细一对比,就会发现除了万春、千秋二亭的攒尖顶形式不一致以外,东西靠苑墙布置的其他建筑全不相同。东路有原是乾隆年间排贮《四库全书荟要》的樆藻堂和现在用作外宾服务部的绛雪轩,西路则是皆带重楼的位育斋和养性斋。东路的北部有一座名叫“堆秀”的假山,山势险峻,磴道陡峭,叠砌手法独特。山脚的狮座上雕有蟠龙,口喷水柱,溅落在青苔绿池之上,秀丽入画。山顶的御景亭,是当年帝后重阳登高的好地方。而西路的对称位置,则是一座延晖阁。园中的花树,多为明代时栽,古柏老槐,郁郁葱葱,气氛和谐。园中的其他配置,东西两路也是富于变化的。东面的绛雪轩前有一座琉璃花池,上列花石,对着一个亭台,而西面的养性斋前,则是满地假山。人们可以在山间穿游,顺山踏蹬,登上一座露台。山石旁边还建了一座平面八边形的四神祠。也许人们还没有注意,在你脚下踩着的苑路,上面都是用各色卵石镶拼起来的一幅幅花卉、人物等象征福、禄、寿的图案和文字,将花园点缀得更觉富瞻,可见当年造园者们的匠心了!

在这个南北深 89 米,东西广 135 米的御花园里,布置了近二十幢建筑,罗列了众多的奇石玉座,盆花桩景,仍使游者感到空间尚敞、地处舒旷,其造园手法足称高超。

御花园的东南和西南苑角,分别是琼苑东门和琼苑西门,通向东西六宫。在西苑墙的中部,突出两个抱厦,门内重华宫漱芳斋一院,有一座宫廷演戏用的小戏台。花园的北部正中,钦安殿之后,是承光门,有一对金象在门内忠实地守护着。承光门的左右又有延和、集福二门,东西相向,都做成双柱不出头的牌楼形式,上覆琉璃瓦庑殿顶。承光门北,为顺贞门,再北正对着的就是故宫的北界神武门。

北京颐和国

北京颐和园享誉中外,始建于清代乾隆时期,原来的名子叫清漪园。颐和园是中国皇家园林的代表作之一,也是保留到今天的最完整的一座皇家园林。

颐和园面积四千多亩,主体是万寿山和昆明湖。在万寿山上依山就势建有一群金碧辉煌的楼台殿阁。高大的佛香阁是全园的核心建筑。在佛香阁的高台上可以俯瞰整个昆明湖。昆明湖是模仿杭州西湖开凿的。昆明湖中有三个岛,它是古代神话里蓬莱、方丈、瀛洲三座海上神山的象征。这是中国园林传统的“一池三山”形式。

在颐和园北部,万寿山的背后是后山后湖景区。它和前山前湖景区的开阔壮丽景色相反,是一个幽静深邃的园林环境。后湖的水面狭长,时宽时窄,收放相济,两岸是山,林木森森,给人一种身在深山峡谷之中的感觉。后山上与后湖边原有一些如苏州街等很有特色的园林建筑,可惜在1860—1900 年间被英法等列强所毁。只有偏于东北角的一处小园林幸免于难,它就是被誉为“园中之园”的谐趣园,具有江南园林清雅明秀的特点。

乾隆花园

故宫的宁寿宫,位于紫禁城东路,如今辟有珍宝馆。它原是清高宗弘历在乾隆四十一年(1776 年)改建而成,准备为其归政后“尊养”“燕憩”时使用。为此,在宁寿宫北部的养性门之西建一区宫苑,习称为“乾隆花园”。

乾隆花园设计得很巧妙,尽管它占用了一个南北深 160 米,东西宽仅37 米的狭长地带,但由于前后划分为四进院落,布局紧凑、灵活,空间时闭时畅,却能做到曲直相间,气氛各异。

乾隆花园里共有建筑二十多座,类型丰富,大小相衬,虚实对比。有的还因地制宜,在平面和立面上采用了非对称处理,在制度严谨的宫廷之中,是少见的。全园山石亭景,别具风采。各进院落的山石,采用不同的叠垒技巧,既有单树的奇石,又有成群的峰峦。崖谷峻峭,洞壑幽深,同周围的建筑物相配合,给人以华美、精巧的印象。园内的楼阁轩堂,不但在外观上富丽堂皇,屋顶琉璃色彩间隔变化,尽心点缀,而且室内装饰也极为讲究,镶嵌、雕镂、丝编、绢绣、拼板……处处精工细作,令人叹为观止。另外,从一些建筑的造型、装饰纹样和莳栽花木等方面看,多以梅、竹、松为欣赏内容,也可推测乾隆花园主要为清高宗冬季游憩之用。

江苏苏州的拙政园、留园

一、拙政园:在江苏苏州市娄门内,是苏州四大古名园之一。初为唐代诗人陆龟蒙的住宅,元时为大宏寺,明正德年间御史王献臣辞职回乡,买下寺产,改建成宅园。并借用晋代潘兵《闲居赋》中:"灌园鬻蔬,……,此亦拙者之为政也"的语意,取"拙政"二字为园名。1860—1863 年曾为太平天国忠王府的一部分。解放后经过整修,1954 年对外开放。初建时规模很大,除正宅外,园内有 31 景,包括现在的东花园。(明末的"归田园")、西花园(清末的"补园")、以及北墙外大片土地。现园面积约 60 亩。此园以水为主,面积约占五分之三,建筑群多临水。全园分中、东、西三部分。东部入园处是解放后在明归田园废址上扩建的,重建的有兰雪堂、芙蓉榭、天泉亭、放眼亭、林香馆等,景物空阔。中部正中为水池,山石、树木,建筑比较疏朗自然,其中远香堂是一座四面厅,四周景色呈现窗前。堂前假山、略有起伏,北面临水筑月台,池水以土山分隔,形似两座小岛,山上林木葱翠,有雪香云蔚亭和待霜亭,沿池植垂柳,长廊北面有见山楼,楼二层,三面环水。西侧假山一迭,登楼可至道盘山架阁,南轩与香洲隔水相望,此外还有小飞虹、小沧浪、听松风处、得真亭等,重廊复阁,小巧精致,远香堂东枇把园,入洞门为一院落,内为玲珑馆。从洞门南望嘉实亭,北望雪香云蔚亭,都有独到之处。西部紧凑,主要建筑有鸳鸯厅,是由三十六鸳鸯馆和十八曼陀罗花馆合成,四角有耳室,厅右宜两亭;厅左留听阁,内镂雕松、竹、梅挂落,楠扇上浮雕"夔龙"图案,据说是太平天国遗物。此园水池面积很大,但有聚有分,山径水廊起伏曲折,古木蔽日,富有自然景色。布局采取分割空间、利用自然、对比借景的手法,吸收传统的绘画艺术,因地造景,景随步移,成为具有江南特色的典型园林。

二、留园:在江苏苏州市阊门外。苏州四大古名园之一。清嘉庆三年(1798年)在明徐时泰东园的旧址上筑寒碧山庄,因园主姓刘,又称刘园。刘与留同音,后叫留园。面积约50余亩,分东、西、中,北四部。中部以山水为胜,池居中央,四周环以假山和亭台楼阁,长廊旋曲其中,廊壁上嵌历休书法家石刻三百余方,为"留园法帖"。东部以建筑为主,楼阁廊屋富丽堂皇。如五峰仙馆、林泉耆硕之馆,不仅建筑宏伟,内部装饰、陈设等亦较古朴精美。有著名的"留园三峰",其中冠云峰是北宋花石纲遗物,高约9米,为江南最大的"湖石"。北部是小竹林和桃杏等树。"又一村"建葡萄和紫藤架,颇有四园之意,西部以假山为奇,土石相间,堆砌自然,山上一片枫树,山庄云墙起伏。北面桃园,称"小桃坞"。山前小溪,两旁桃柳,此园不仅建筑结构和装饰别致多采,而且以连绵不断的建筑群把景物分开,又使建筑物本身的窗槛沟通两面,将景物连成一体,是清代具有代表性的园林之一。

革命遗址和革命纪念建筑物

广州三元里的平英团遗址

在广东广州市北郊三元里村尾鸦片战争时,英侵略军于1841年5月沿珠江从三元里西边的增步泥城码头登陆,攻占城北四方炮台,在附近三元里奸杀抢掠,激起群众义愤。菜农韦绍光和村中的群众齐集三元古庙,誓师杀敌,在牛栏岗狠狠打击了侵略军,迫使侵略军撤走,取得了辉煌的胜利。

广西桂平金田村的金田起义地址

在广西桂平县城以北24公里。1851年1月11日,洪秀全在金田村举行武装起义,建号太平天国,在犀牛岭营盘设起义指挥部。营盘出口挖壕沟暗道,东通全田村,北通犀牛潭,传说起义前的武器就藏在潭水中,村南4公里的新圩三界庙,是太平军作战指挥所。

湖南湘潭韶山冲毛主席旧居

在湖南湘潭韶山冲。1893年12月26日,毛泽东诞生于此。1910年秋,他到外地求学,1925年回家乡开展农民运动,在此建立中共韶山支部,1927年考察湖南农民运动时,在此召开农运干部和农民座谈会。

西藏江孜县的宗山抗英遗址

在西藏江孜县城区。江孜宗山地势高峻,为抵御英军,在半山前崖曾构筑炮台和其他防御设施。当时英军以新式火器向宗山猛烈进攻,西藏军民誓死抵抗,后弹尽援绝,与攻上宗山的英军英勇肉搏,跳崖牺牲。

广州的黄花岗七十二烈士墓

在广东广州市先烈路。孙中山领导的同盟会,于辛亥年三月廿九日,在广州市发动推翻清政府统治的武装起义。血战一昼夜,起义失败。喻培伦等一百余人英勇牺牲,后经同盟会会员潘达微冒险奔走收殓,丛葬于黄花岗者七十二人,故有此称。

武汉的武昌起义军政府旧址

在湖北武汉市阅马厂北端。1911 年 10 月 10 日,辛亥革命武昌起义成攻,即在此组成革命军政府,颁发了第一号布告,宣布废除清朝帝制,建立中华民国,并通电号召各省起义。

北京的北京大学红楼

在北京东城区沙滩五四大街。建于 1918 年 8 月,通体用红砖砌筑,故名。1918 年初李大钊在北京大学图书馆主任,北大成为北方革命活动中心。1918 年毛泽东首次来北京时曾在北大图书馆任助理员。

上海的孙中山故居

在上海卢湾区香山路 7 号。孙中山于 1920 年迁入居住,并在此进行了很多重要革命活动。1922 年 8 月 23 日会见中国共产党代表李大钊等,同年还与苏联特使越飞商谈。1922 年 9 月在花园草坪上召开会议,邀请共产党人参加,研究国民党改组方案。1924 年 11 月在此召开记者招待会。

上海的中共一大会址

在上海卢湾区兴业路 76 号(原望志路 106 号)。1921 年 7 月,在此举行中国共产党第一次全国代表大会。会议因受法租界巡捕房的干扰,代表们移至浙江嘉兴,最后一天会议在南湖一艘游船上继续举行,通过党纲和关于党的工作任务的决议,选举中央领导机构,宣告中国共产党成立。

广州农民运动讲习所旧址

在广东广州市中山四路。该所创办于 1924 年 7 月。毛泽东任所长,萧楚女任教务长,教员有周恩来、彭湃、恽代英等,讲授有关农民运动的各种课程,还进行军事训练和到农村实习。旧址原是学宫,它是第一次国共合作时培养农运干部的学校,对中国革命作出了很大贡献。

南昌的“八一”起义指挥部旧址

在江西南昌市中山路洗马池。原为“江西大旅社”。1927 年 7 月下旬,起义部队到南昌在此成立以周恩来为书记的中共前敌委员会,成为领导起义的指挥中心。8 月 1 日凌晨 2 时,周恩来、朱德、贺龙、叶挺、刘伯承等领导、组织了南昌起义,全歼守敌一万余人。打响了反对国民党反动派的第一枪,是中国共产党独立领导革命战争的开始。

湖南浏阳的秋收起义文家市会师旧址

在湖南浏阳县东南,邻接江西省。1927 年中共中央“八·七”会议后,毛泽东以中央特派员的身份回湖南,组织工农革命军,9 月 9 日发动了湘赣边秋收起义,部队于 19 日集结于此。当晚,毛泽东在此召开会议,决定改变攻打长沙的计划。会后,开始向井冈山进军。

广东海丰县海丰红宫

在广东海丰县海城镇内。1927年10月海丰人民继四月、九月两次武装暴动后举行第三次武装起义,夺取了政权。同年11月18日至21日,在此召开海丰县工农兵代表大会,并于21日宣布海丰县苏维埃政府成立。

广州公社旧址(即广州苏维埃政府旧址)

在广东广州起义路广州市公安局大院。1927年国民党反动派叛变革命后,是年12月11日,在共产党人张太雷、苏兆征、叶挺、叶剑英等领导下,发起了广州起义,占领了大部分市区,建立了三天的人民政权,后因力量悬殊而失败。

江西宁冈县井冈山革命遗址

在江西、湖南两省边境,1927年10月在此创立了全国第一个农村革命根据地。1928年4月底,成立了中国工农红军第四军。井冈山的斗争开辟了一条以农村包围城市,最后夺取城市的革命道路。

福建上杭县古田村古田会议会址

在福建上杭县古田村彩眉岭笔架山下。1929年12月,中国工农红军第四军党的第九次代表大会,即古田会议,在此举,会上通过的政治决议案,是我军建设的伟大纲领。

江苏南京紫金山中山陵

在江苏南京市东郊钟山中部第二峰茅山南麓。孙中山陵墓。1926

年1月兴建,1929年春落成,同年6月1日孙中山遗体由北京碧云寺移此安葬。

贵州遵义会址

在贵州遵义市老城子尹路。1935年1月上旬中国工农红军第一方面军长征到达遵义后,总司令部驻此。中共中央于15日至17日在此召开政治局扩大会议。会议肯定了毛泽东的正确主张,选举毛泽东为政治局常委。从而结束了王明"左"倾冒险主义在中央的统治,开始了以毛泽东为代表的新的正确领导。为红军胜利完成二万五千里长征奠定了基础。

四川甘孜泸定桥

在四川泸定县城西,横跨大渡河,桥东衔接泸定县城。1935年5月29日,中国工农红军长征至此,以22位勇士为先导的突击队,冒枪林弹雨,缘铁索匍匐前进,一举消灭桥头守敌,红军遂过大渡河。

北京的卢沟桥

在北京西南约15公里丰台区永定河上。为北京现存最古老的石造联拱桥。1931年7月7日,日本帝国主义在此发动侵华战争。宛平城的中国驻军奋起抵抗,点燃了抗日战争的熊熊烈火,成为历史上著名的卢沟桥事变(亦称"七七事变")。

山西武乡八路军总司令部旧址

在山西武乡县东部的王家峪和砖壁村。抗日战争时,八路军总司令部曾在两村驻扎一年多,是华北各解放区的指挥中心。

安徽泾县新四军军部旧址

在安徽泾县西25公里云岭。1938年7月至1941年1月,新四军军部设此,指挥华中敌后各抗日战场的新四军部队。中共中央东南局也同时设此。1939年2月,周恩来也曾来此视察。

四川重庆八路军重庆办事处旧址

在四川重庆市化龙桥,嘉陵江西岸。1938年日本侵占武汉,八路军在重庆设立办事处,1945年8月28日毛泽东来重庆寓此,同国民党进行谈判,签订《国共双方代表会谈纪要》。1947年3月国民党发动全国内战后,办事处人员全部返回延安。

北京天安门

在北京市区中心。原为明、清两代皇城的正门。始建于明永乐十五年(1417年),原名承天门,清顺治八年(1651年)改建后称天安门。城门五阙,童楼九楹,通高33.7米。天安门是新中国的象征。庄严肃穆的天安门图形是我国国徽的组成部分。

上海的鲁迅墓

在上海虹口区虹口公园内。鲁迅1936年10月19日病逝,遗体葬在万国公墓。1956年迁至虹口公园。虹口是鲁迅在上海战斗的十年中居住和活动的地方。

北京天安门广场的人民英雄纪念碑

在北京天安门广场中心。1949 年 9 月 30 日中国人民政治协商会议第一届全体会议通过决议建碑，毛泽东为纪念碑奠基。整座纪念碑用一万七千多块花岗石和汉白玉砌成，雄伟壮观，庄严肃穆。

陕西延安革命遗址

【王家坪革命旧址】在陕西延安西北王家坪村。1937 年至 1947 年，为中共中央革命军事委员会和八路军总部的所在地。1946 年 1 月至 1947 年 3 月，毛泽东在此写有《集中优势兵力，各个歼灭敌人》等重要文章。

【杨家岭革命旧址】在陕西延安市西北约 3 公里杨家岭村。1938 年至 1940 年、1942 年至 1943 年，中共中央曾在这里领导中国革命。1945 年中共六届七中全会在这里召开。1945 年 4 月 23 日，召开了中国共产党第七次全国代表大会。毛泽东在此写有《反对投降活动》《中国革命和中国共产党》《新民主主义论》《目前抗日统一战线中的策略问题》《在延安文艺座谈会上的讲话》等文章。

【枣园革命旧址】又名延园。在陕西延安市西北 10 公里处。1940 年至 1942 年、1944 年至 1947 年，为中共中央书记处的所在地。中共中央在这里领导抗日战争、整风运动和大生产运动，筹备了党的七大。毛泽东在这里写有《为人民服务》《论联合政府》等许多文章。朱德在这里起草了《论解放区战场》的军事报告，刘少奇在此起草《关于修改党章的报告》等文章。

旅途健康

教师必备知识丛书

夏季旅游的保健

夏季旅游，在卫生保健方面来说，关键是要做到防止热邪病毒的侵袭。

一、要选择能够消夏避暑的地方去旅游。

在炎热的夏天，一定要到气温较低的地方去旅游。根据这个原则，旅游的目的地最好是海滨、山区。在海边，风向在一昼夜里呈现有规律的变化。白天日出后，有凉风从海上吹向陆地，送走清新的空气，尤其炎夏暑日，清凉的海风拂面而来，使人顿觉爽快，倦意全消；而夜晚来临时，风向也随着转成从陆地吹向水面，送来污浊的空气。去山地旅游的好处在于山地气候的疗养效应和山地环境中的某些长寿因素。在不少山地环境中峰峦和山涧起伏，绿树成荫，山花烂漫，草木散发出的芳香性挥发性物质有一定杀菌作用。清泉汇成壮观的瀑布，飞溅的水滴周围阴离子富集，空气格外清新。呼吸这样的空气，可镇定情绪，还可改善肺的换气功能。山地气候的特点是气温较低，但昼夜温差大。气温的高低与海拔高度成反比，海拔高度每上升100m，气温下降0.5～0.6℃。

二、要随身携带一些能清热祛暑的饮料。

夏季饮料品种繁多，除了传统的中药保健冷饮外，还有固体饮料、汤汁饮料、果汁饮料、强化饮料、酒质饮料等等。例如，山楂晶、菠萝晶、酸梅粉、桔粉等，皆有消暑止渴之功，且饮用方便。果质饮料，如猕猴桃法、草莓汁、刺梨汁等，味甘酸、寒凉，营养丰富，不仅酸甜适度，而且清香可口，有健胃消食、滋补强壮的作用，每人可根据自己的爱好选择饮用。

三、随身携带的药品。

行前应带些痢特灵和黄连素。痢特灵能抑制痢疾杆菌、大肠杆菌、炭疽杆菌和副伤寒杆菌，用以治疗菌痢和肠炎等。痢特灵每片0.1克，成人一日服三至四次，每次 0.1 克。黄连素对痢疾杆菌、伤寒杆菌、肺炎球菌、金黄色葡萄球菌以及阿米巴原虫均有杀菌作用，用于治菌痢、肠炎以及各种急性化脓性感染等。成人每次 0.2 克，一日二至三次。

其次，旅游中可带些抗过敏药物，如苯海拉明、扑尔敏、赛庚啶等。苯海拉明不仅有消除各种过敏症状的功能，而且还有轻度的镇静和镇吐作用，主治各种过敏性疾病，预防晕车、晕船。该药每片 25 毫克，成人每次服一片，一日二至三次即可。对于老人、小儿的过敏性疾病，用扑尔敏为宜。比上述两种药物抗过敏作用强得多的赛庚啶，每片 2 毫克，成人每次服一片，一日三次。

服抗过敏药物不能“多多益善”，否则会给你带来头晕、嗜睡的副作用。预防晕车晕船，可在临行前半小时服用，才会防“吐”于未然。

秋季旅游的保健

夏末气候湿热，“秋老虎”也“火爆”。当参加耐久跋涉旅游活动以后，常常汗流夹背，身体的大量钾盐也随汗水丢失。如果人体内钾离子损失过多，则会出现机体疲惫，肌肉乏力，周身酸楚，心律不齐，嗜睡及精神不振等表现。

在持久旅行游览活动中，会消耗大量的体力及体能，致使身体新陈代谢的中间产物——乳酸、丙酮酸、二氧化碳等蓄积过多，此时血中的碱贮备下降，极易引发血中酸碱平衡失调。

为了维持正常的酸碱度（pH 值），则必须增加血液的碱贮备，而碱性食物以果品为主,水果中的西瓜、哈密瓜、桃、李子、杏、草莓、樱桃、荔枝、波萝(凤梨)等均含钾,其中以香蕉及柑桔含钾最多。当鲜果匮乏时,可食用水果罐头、果茶或固体、液体果品饮料。旅游期间还应注意午睡,保持充足的睡眠可减缓疲惫无力之感。

持久剧烈的跋涉以后常感口渴,但不宜过快或过度饮用饮料,以防胃肠血管急骤收缩,诱发消化功能紊乱而出现腹疼或腹泻等。

大汗淋漓时,勿面对电风扇直吹或久居空调间,应用于毛巾擦试汗水后,在自然通风处,渐渐散热。

此外,久行后常感脚疼及无力,常用的消除足部疲惫法有几种:

搓足心法:搓热双手,各搓足心70次,以手掌横搓、竖搓均可。这样能改善足部血液循环,增加局部营养供应,减少酸性产物积聚,有利于消除疲劳。

赤足走步法:二千多年前《黄帝内经》即有“夜卧早起,广步于庭,披发缓行”的记载。赤足于海边沙滩、松软草地、鹅卵石路筹地方,对足部健康大有好处。

洗脚法:水温在40 ~45℃,水量以淹没踝部为佳,双足放在热水中浸泡半小时为宜。可松弛肌肉、引血下行,改善足部血液微循环,缓解疲劳。

旅游回来洗洗脚

当你旅游归来,不免会感到疲劳。如在睡前用温热水洗洗脚,不但能洗去脚上的尘土和污垢,而且对于消除疲劳大有益处。

祖国医学认为:人的双足是运行气血、联络脏腑、沟通内外、贯穿上下十二经络的重要起始部位。人体有许多通往全身的重要穴位都是在足部交错汇集,睡前用热水洗脚,能刺激这些穴位,增强血脉运行、调理脏腑、疏通经络,从而达到强身健体、祛除病邪的目的。我国民间有歌谣云:“春天洗脚，外阳固脱；夏天洗脚，暑湿乃除；秋天洗脚，肺润肠濡；冬天洗脚，丹田温灼。”这是颇有道理的。

人的双脚是肢体的“边陲地带”，离心脏较远，血液循环较差，加上脚的表面脂肪薄弱、保温能力差，所以温度较低。旅游回来之后用热水洗脚，通过神经的反射作用，可以帮助调节内分泌系统和植物神经的功能，使血液循环加快、新陈代谢活跃，不仅有助于消除旅游所致的疲劳，而且能舒肝明目、安眠健身，何乐而不为呢？

洗脚时，水温一般应保持在 40 ~50℃左右，水量以能掩脚踝关节为好。双脚放入热水中浸泡 5 ~10 分钟，然后用手按摩脚心。按摩左脚心用右手，按摩右脚心用左手，直到脚掌心发红发热为止。按摩时动作要缓和连贯，轻重要适直，刚开始速度宜慢，时间也不宜太长，待适应后再逐渐加快。

怎样在旅行时巧用食醋

其实，醋不仅可以调味，而且在旅途中还有很多用途。

1. 旅途疲劳时，在洗澡水中加点醋，浴后会感觉肌肉轻松，全身舒适。

2. 由于住宿环境改变引起失眠时，临睡前将一汤匙醋冲上一杯冷开水喝下，能安然入睡。

3. 晕车、船者，出发前喝一小杯加醋的温开水，途中会舒服得多。

4. 用醋加盐煎服，可以止吐止泻。

5. 用棉花蘸醋塞鼻孔，可以止出血。

6，吃饭时打嗝，喝点醋可以止嗝。

7. 蚊虫叮咬，擦点醋可以消毒。

8. 疖肿初起，涂上醋可以散瘀消炎。

9. 饭馆就餐，食醋可预防肠道传染病。

10. 流感流行季节，旅馆房间里用醋熏可以起到空气消毒、预防感冒的作用。

11. 衣服上沾了果汁，用醋擦再用清水漂洗可去污物。

12. 如在皮鞋上加几滴醋抹匀，擦起来可使皮鞋光洁如新。

大蒜在旅行中的妙用

大蒜是人们的日常生活中一种常用的调味品。大蒜味辛，性温，具有温中消食、化肉消谷、解毒除邪、攻冷积、杀虫等功效。现代医学研究证实：大蒜中不仅含有维生素、蛋白质等营养成分，而且还含有一种天然的抗生素——大蒜辣素，具有抗菌消炎作用。外出旅游时常带些大蒜，对身体健康大有益处。

将大蒜切成一小片，于旅行出发前半小时贴在肚脐上，再用胶布或伤湿止痛膏固定，能减轻或消除晕车、晕船、晕机现象。

旅游途中如遇气候炎热而发生了中暑，可将大蒜头捣成泥后挤出汁，然后用冷开水稀释滴鼻，有醒脑及益神之功效。

冬春季节是流脑、流感等呼吸道传染病的好发季节，此时旅游带些蒜，每天吃生蒜3 ~5瓣。连吃几天，能有效地预防流脑、流感的发生。

旅游途中因饮食而引起腹泻、肠炎、痢疾等疾病时，可取大蒜头一枚捣烂加温开水同服，对大肠杆菌、伤塞杆茵和痢疾杆菌有很强的杀灭或抑制作用，可取得显著疗效。

旅游途中不慎吃了有毒食物时，可吃生大蒜3 ~5瓣，有一定的解毒作用。将大蒜捣成蒜泥后混与蜂蜜、开水送服，有止呕吐作用。

要是被蚊虫、蜈蚣叮咬，一时又找不到解毒药时，可将蒜头咬碎敷于患处，具有良好的解毒、止痛、消肿作用。

如果在游行途中鼻子流血，可将大蒜头捣成泥状敷在足心涌泉穴上，可以很快止血。此法对于其他原因引起的咯血、呕血也有效果。

倘若发主了急性尿潴留现象,可将大蒜捣烂成泥状,再加入荤油数滴调匀后敷于肚脐上,可解除尿闭症状。

总之,旅游途中带些蒜既保平安,又益健康。当然,服食大蒜后可能会产生难闻的口臭,此时可嘴嚼茶叶或口含当归、薄荷一小片,即可消除异味。

怎样在旅行时巧用生姜

生姜具有发热、散寒、止呕、化痰、解毒等功能。当外出旅行时,如能携带生姜数块,它将为您旅途的健康助一臂之力。

1. 治风寒感冒。当旅途中发生风寒感冒或畏寒发热症状时,可用生姜 25 克煎汤,加些红糖趁热喝下。

2. 治小虫入耳。出入林间、草丛时,飞虫入耳是常有的事。一旦出现这种情况,可用生姜取汁滴入耳内 2 ~ 3 滴,小虫便会马上从耳内飞出。

3. 解蛇毒。如不慎被毒蛇咬伤,可将姜块切成细末,再用洁净手帕盖敷姜末于伤处,干后则换,蛇毒可缓解。

4. 治跌打损伤。行路或爬山时,不慎跌伤,对于无创面者,可用生姜轻擦伤部;如有伤口,可用姜汁调酒涂擦患处。

5. 除冻疮。在冬季旅行,手脚冻伤时有发生。如出现冻疮,可将生姜汁熬成糊状,涂于患处,几次便可见效。

幼儿郊游的膳食

为了增强幼儿体质,幼儿园或家长都愿意在桃红柳绿、芳草如茵的早春季节带孩子去远足郊游、登山或游泳。这些活动既能丰富幼儿的自然常识和社会常识,又能达到增强幼儿体质的目的,对促进幼儿身心的全面发展无疑有着极其重要的现实意义。但在这些活动中如对幼儿的膳食安排不当,机体大量消耗的能量就得不到补充,且因长时间活动的兴奋状态所造成的疲劳也不易恢复,于幼儿的发育极为不利。所以家长或幼儿园对幼儿的膳食应做好安排。

带孩子游园、登山,并准备一顿丰美的野餐,将会给幼儿增加愉快的生活内容,为幼儿日后留下童年时代难忘的回忆。野餐食物应该是体积较小、便于携带的固体食物,如主食最好是用果酱、肉酱或蛋黄酱、花生酱、奶油等做成的三明治,或用炒鸡蛋、肉丝加绿豆芽、胡萝卜丝做馅卷成的薄饼卷。可将其放入容易保洁的饭盒或食品袋内,既清洁,又便于拿取。副食可带如高蛋白、高热量的腊肠、卤肉、卤肝、酱鸡、炸鱼排、鸡蛋饼、五香豆腐干等和新鲜的蔬菜、水果(如西红柿、黄瓜、小萝卜、苹果、梨、香蕉等),可预先洗净消毒后放入专用的保洁袋内。另外再带一旅行壶淡盐水或清凉饮料,以补充出汗给机体带来的水盐损失。饮料切忌过甜,以免饮后引起口咽干燥。

在郊游结束后的两三天内,幼儿的膳食都应保持热量充足,维生素丰富,以利于共机体尽快地恢复。

旅游中怎样注意饮食卫生

在旅游中，由于生活规律、周围环境的改变、乘坐交通工具的颠簸及身体劳累等原因，很容易使旅游者出现消化功能紊乱。若在旅途中不讲究饮食卫生，导致“病从口入”，还有可能发生各种胃肠道疾病或是食物中毒等。所以必须始终注意饮食卫生。

1. 饮食以清淡为佳，少用辛辣油腻旅游中特别是在疲劳、头晕、恶心、食欲不振的情况下，应进食清淡、稀软易消化的食物，不要吃辛辣油腻及生冷坚硬等难以消化的东西。长途乘坐车船等，易出现头晕、恶心、食量下降，应多喝些茶水，果汁，吃些水果、面条、稀粥等，可用少分多餐的方法减少恶心。炎热天气或长途步行、骑车旅行时，出汗多，体内水分、电解质及各种营养物质消耗较大，消化能力又往往下降，故饮食要注意补充水分和电解质，还要加强营养，除了多用些清凉饮、水果之外，还应多吃些蛋、奶制品及瘦肉等。西瓜汁多味美、营养丰富，是止渴解暑的佳品。

老年人，有胃肠道疾病、冠心病、糖尿病等病人及孕妇等，在旅游中更应注意饮食卫生，除了以上提到的几条原则外，还应根据自己平素饮食习惯有病情的忌宜，选择适当的饮料及食品。

2. 饮食要有节制和规律性：旅途中每次饮食的数量、时间等要尽量保持个人平素的规律性，不要饥一顿、饱一顿或恣食寒凉食物。在长途跋涉中要准备好足够的饮料和食品，按时进餐。野外进餐要选择清洁背风、宁静的地方，先安静休息 20 ~30 分钟后再进餐，切忌气喘吁吁就大吃大喝起来。宜缓慢进食、细嚼烂咽，一般以吃八成饱为宜，这样可给胃肠消化留有余地。进食后休息 30 ~60 分钟后方可继续前进，开始先缓步而行，逐渐加快速度，应避免饱餐后立即进行登山、游泳等剧烈活动。不要一边走路，一边进食。

在天气炎热的地区旅行，常会口干舌燥，出汗不止，这时自然渴望能够吃到冷饮、冷食，以达到清暑解渴的目的。但要注意适可而止，过多的冷饮冷食也会降低消化功能甚至引起腹痛腹泻等疾病。素有胃肠道疾病或是年老体弱及妇女月经期尤其要注意。

在用冷食时适当吃些大蒜、生姜、食醋，可起到预防消化道疾病和增进消化功能的作用。

3. 饮食要注意清洁、卫生，预防食物中毒：不要喝生水，尤其是易被污染的河水、井水等；吃水果要洗净或去皮，不要吃霉烂、变质的食品；切忌食用病死的动物肉；不要随便采吃不认识的野果、蘑菇、野菜等；对生食水产品，如咸蟛蜞、黄泥螺、咸烤虾、咸梭子蟹等，要经卫生加工后再吃；生拌凉菜要先洗净，开水焓后，再加些醋、蒜后再吃。

旅游中应随身带些大蒜、生姜、食醋，作为饮食时佐餐，还令有健胃消食作用，而且对肠炎、痢疾、感冒等病有防治效果。但有胃炎、胃溃疡及容易“上火”的人不宜多用。凡觉口苦咽痛、心烦、便秘等症者，应吃些寒凉性质的瓜果蔬菜，如西瓜、苦瓜、黄瓜、梨、柑、紫菜、冬瓜、芹菜等。

旅游中怎样吃

下馆子要吃“鲜儿”。既然外出吃饭，就不要去吃家里也常吃的东西。比如面条、饺子、包子之类。当然，面条、饺子、包子等有不同做法，因而有不同口味，如“龙须面”“刀削面”“小笼包子”“生煎包子”等，有意识去品尝之，也未尝不可。而此时所贯彻的仍然是“吃新鲜”的原则。

外出吃饭，最好不要八碟八碗地大吃大喝。三四口人之家如果叫上满满一桌子菜，势必造成浪费，且过饱而生厌，也就没有了余味了。其实，一些风味小吃也是蛮吸引人的。目前，传统小吃被挖掘出来的甚多，换着样地品尝“小吃”，管保你十天半个月不带重样的：艾窝窝、驴打滚、豌豆黄、小窝头、汤圆、面茶、莲子粥……。对于小孩子来说，吃“小吃”，还能增长关于传统小吃的知识。比如一边吃着小窝头，一边讲述着西太后向热河逃难时吃这窝头的轶事，不是一件很有趣的乐事吗？

既然要“吃新鲜”，那么，就应该对于中国的菜系食谱有所了解，这样才能有针对性地一一尝来。这回去川菜馆、下回去鲁菜馆，再一回去粤菜馆，可事先有一个安排。由于小家庭就餐，不可能叫许多菜，所以应该选择那最有代表性的菜上桌：北京的烤鸭、广州的龙虎斗、云南气锅鸡、四川的麻婆豆腐等，均有地方风味。品尝之能增进对各地饮食文化的了解。

清真烤羊肉串

要想在下馆子的同时，了解中国的饮食文化，还得注意各民族不同的特色：回族的烤羊肉串、蒙古族的奶茶、藏族的糌粑、朝鲜族的冷面等，都不妨尝一尝。近年来，随着改革开放的发展，各类西式餐馆亦纷纷开张，这就为我国现代家庭了解世界各地的饮食文化提供了便利条件。相当于中国小吃的西式快餐、物美价廉，很可以一尝为快。三明治、热狗、汉堡包食品，目前十分常见，日本、美国、法国、俄罗斯、匈牙利等国风味的餐馆也都有不少价钱不贵，但确有代表性的食品供应。有些人以为上西餐馆花费大，其实，它并不贵于中餐馆。既然想去“吃”的同时，学点知识，那么，西餐馆是不能不去的。

众所周知，同样一道菜，出自手艺不同的厨师之手，大有优劣之分。因此，要研究一下馆子的学问，必须熟悉有名的饭馆。当地著名的老字号饭馆之门，是不可不登的。北京的全聚德、上海的老正兴、广州的大三元、天津登云楼等，终日顾客盈门，正说明国人的偏爱，现代家庭，怎能不去凑个热闹？

除了老字号外，近年来全国各地都新建了一大批中、高档的饭店、宾馆。这些饭店、宾馆一般都聘请了国内名厨，经营着各具特色的菜肴。事先了解一下它们的特色，逐一品尝，也可以扩大“下馆子”的范围。有些高层饭店，为了招徕顾客，还特设了旋转餐厅。例如锦州的锦州大厦的顶层就设有旋转餐厅,顾客可以一边进餐,一边观赏锦州城内外的秀丽风光,费用虽然稍贵一点,获得的享受却大得多了。这样下馆子不仅可以满足“口腹之乐”,还可能赏心悦目。

总之,下馆子的学问不仅限于饮食之美,还包括地域、民族、民俗等多方面的饮食文化。就此而论,要当个“会下馆子”游客还真得下一番功夫呢!

旅游中怎样喝

俗话说:三天不吃饭可以,三天不喝水不行。这正说明水在旅游中的重要。

旅游途中,由于出汗很多,消耗了大量的水分,必须得到一定的补充,才能保持旺盛的精力及强健的体魄。然而,在旅途中大量地喝水,对身体也有弊端。有时,它不但不能解渴,反而会增加渴的感觉。旅游时经常有这样的情况:刚喝了许多水,没走多远,又感觉渴,再喝,还渴。肚子喝胀了,终不能消除渴的感觉。这种情况,就属于过量饮水刺激胃而引起的反常现象。这样喝水,不但不能减轻疲劳,反而会加重疲劳感。

有经验的旅游者在行进中是很少喝水的,他们总是在出发前或休息后才喝水。在路上实在渴得厉害时,也只喝一两口,漱漱嘴,润润嗓子。这种饮法对于保存体力,保存食用水都很有好处。一切好的、训练有素的旅游者,都清楚地懂得:在最困难的时候,水就是生命,就是力量,就是胜利的保证。因此,他们总是自觉地把水及食品留到最困难、最需要的时候用。

旅游的食用水最好是开水,在没有开水的情况下也可以喝生水,但必须是流动的河水、干净的井水或泉水。在万般无奈的情况下,较混浊的水也能饮用,但需加以过滤。最常用的过滤办法为:在污水洼的旁边挖一个坑，使坑底低于水面约30厘米，这时，水洼中的积水就会从坑壁渗入坑内，淘去混水，取出清水，再放入一些白矾对其加以沉淀净化，这样制成的水便可以食用了。尽管如此，这仍属下策，能不喝生水时，尽量不喝，尤其是只身的旅游者，更应注意这一点。一旦引起急腹症，无人照顾，不但影响旅游，而且有生命危险。

在热带森林中，某些植物体内贮存着大量可食用水，旅游者可以用它们做水源。这种水既干净又卫生，极为难得。因此，在进入森林之前，应先向当地人请教，以便在林中寻找食用。

旅途中怎样睡个好觉

有些旅游者常常为旅游中失眠而感到苦恼。失眠的原因是多方面的，但主要是神经系统的活动规律被打乱了。此外，环境不安静，白天多喝了茶，多抽了烟，或者记挂着家中的事情等都可能引起失眠。原来就有失眠的人换了环境，失眠会更严重。

怎样减少和避免旅游中的失眠现象呢？一般地说，睡前不要喝茶、抽烟、检查一下被褥、枕头，使其厚薄高低适度，有条件的洗个温水澡，对减少失眠都有好处。晚餐时饮少量的酒，对当晚入睡也有益处，因为少量的酒可促使大脑皮层的抑制活动加强而促进睡眠。但不宜多饮，否则反而引起大脑皮层兴奋活动加强而不易入睡。另外，旅游期间应尽量保持原来的生活习惯，这对消除失眠现象也有作用。

如果一旦失眠，不要着急。不要老是开灯看手表去计算多久没有入睡，这样会更加心烦。要尽力保持情绪安定，尽量使你的肢体摆着舒适，让全身肌肉松弛，还可不时有意地打呵欠。每打一次呵欠后，把身体位置稍作变动，使肌肉更加放松。这样，不久就会感到眼皮沉重而慢慢入睡了。

当然,服用一些安眠药片也是有效的办法。常用药有:利眠宁、安定、舒乐安定等,每次一或两片,睡前半小时服用。但是,旅游中的失眠仅仅是暂时的神经失调,不是病态,最好在上述办法完全无效的情况下才服用。

怎样预防晕车、晕船、晕机

绝大多数人在乘车或乘船时能怡然自得,指点江山,谈古论今,对沿线的风光一览无遗。有的人则不然,当他们在汽笛声中与亲友告别,踏上旅途的时候。首先遇到的就是晕车、晕船、晕机。轻则头晕恶心,烦闷不适,重则翻肠倒肚,有时甚至吐得天旋地转,无止无休。真是:方登旅途先晕吐,长使游客不堪苦。

这种晕车、晕船、晕飞机的疾病统称之为晕动病。

一般说来,健康人对各种运动的适应能力很强,无论跳、跑、转动躯体甚至翻筋斗,都有自动地保持平衡而不至摔倒。这种自动平衡的功能是靠人体的内耳平衡装置,以及触觉、视觉、肌肉、关节等感觉系统互相协调配合而形成的。

人的内耳里,有一套专管感觉身体在空间内位置和运动的器官——前庭装置。人体平衡的保持,主要是在神经中枢的支配下,通过前庭装置的调节而实现的。如果前庭装置对旋转等不规则体位变化的适应能力较差,便可形成强烈的刺激而引起过度兴奋,从而引起一系列症状,如面色苍白、眩晕、胸闷不适、出汗、恶心呕吐等,这就是晕动症。

除了上述原因外,引起晕动症还有许多客观原因。如有的人不愿闻汽油味,汽油味一袭来便觉得恶心,其他如紧张性心跳加快、过饱、过饥、过度疲劳等都是晕动症发病的客观条件。

晕动症只是一时性的病理反应，它完全可以通过锻炼得到克服。如果经常旅行也会逐步适应。要不然就在平时多做些有关这方面的运动，如练习俯卧撑、荡秋千、爬杆等。可以在家里作一些低头弯腰、扭转头颈和反复下蹲立起等动作，都可提高平衡器官对各种体位改变的适应能力。

有晕动症的人在乘坐车、船时，应采取以下几点措施：1. 上车、船之前，既不可吃得太饱，也不可太饿。过饱容易造成胃部不适而引起恶心、呕吐；太饿又容易造成低血糖，容易出现头晕、出汗等症状。最好吃一些易消化、含脂肪少的碳水化合物食品，如面包、蛋糕和水果等。

2. 睡眠要充足，心情要舒畅愉快。如果对旅途中趣味盎然的各种事物有兴趣，就不容易发生晕动症。

3. 旅行前最好束上宽腰带或勒紧裤带，这样可以减少内脏的动荡和防止腹腔内静脉压的过大改变。

4. 有晕动症的人乘坐车、船时，应尽量选择较前排的座位，减少颠簸。在车船内要安稳平卧，尽量不去看那些晃动飞逝的景物，以免引起眼花缭乱，眩晕不适。车、船在急转弯时，身体要偏向转弯的一侧，使人体内耳前庭装置相对地保持平衡。

5. 旅行中要尽量注意清洁卫生，经常通风，以减少由于抽烟、汗味、缺氧或其他异物所引起的恶心或不适。尽量找靠窗户的座位，最好是面朝车船前进方向。

为了预防万一，在旅行前应带些治疗晕动症的常用药品：如晕海宁、眠尔通、安定、人丹等。

旅游养生有四法

一、卧游法　年老体衰，出游不便，以喜爱的山水画挂四壁，足不出户,卧而赏之。元代诗画家倪瓒诗云:“一畦杞菊为供具,满壁江山作卧游。

二、逸游法 北宋文学家苏轼云:“江山风月,本无常主,闲者便是主人。“华夏大地,山清水秀,山外旅游,闲情逸致,令人心旷神怡。

三、散步法 附近公园,绿荫草地散步,脑力劳动者、老年人甚适宜。南宋医学家陶弘景云:“饱食,不用坐与卧,欲得行步务作以散之”。

四、闲赏法 利用庭园屋边空地,栽花种草,饲养鱼鸟。方寸之间情意浓浓。南宋沈约诗云:“迹屈岩廊下,神游江海中。”

怎样保持旅游中的身心健康

应该说,在旅游中发生运动病和水土不服等情况的人为数极少,绝大部分人都是身心愉快的。但这些人是否就不会再出现这样或那样的健康问题呢?情况可能并非尽如人愿。例如,当一个在家里养尊处优惯了的人,突然踏上长途旅行的征途时,往往会由于生活上的不习惯或者生活规律的改变,使中枢神经系统处于暂时不平衡的状态,常常表现为初起过度兴奋、失眠、早醒,不久又可转为容易疲劳,注意力不易集中。特别是消化功能方面,由于对旅游的好奇,心情紧张或者生活起居的改变,消化液的分泌受到抑制,使得食欲和消化能力下降(一般的人,常因交通工具的颠簸,而使消化增快,食欲亢进)。如果再伴有晕车、晕船,则厌食会更加明显。由于食量和食物种类的改变,又会进而影响排便习惯。许多人在家里每天一次定时大便,旅游中却常常便秘。便秘反过来又会影响食欲,形成一种恶性循环。又如,有些人在旅游中劳逸结合不够,体力消耗过度,会引起头昏软弱,胃口不佳和四肢乏力,甚至出现足上起泡,关节肿痛等一系列疲劳过度的症候。

为了使旅游生活自始至终过得轻松愉快,身心健康,必须从旅游一开始就注意以下几点：

1. 要努力缩小旅游生活和日常生活之间的差别。启程后即要尽量维持与家里一样的生活规律。如定时起身、就寝，定时就餐，定时大便，使人体在饮食起居上的一系列条件反射不至遭到破坏。

2，旅游计划要合情合理，量力而行。特别要注意劳逸结合，避免过度劳累，过分紧张。若为集体旅游，一定要照顾好老弱病残者。

3. 饮食起居要能达到休整目的。在可能条件下，争取吃得好一点，住得好一点，以利消除疲劳，恢复体力。如食物要新鲜多样，能引起食欲；住地要整洁安静，使人容易入眠。

注意保护踝关节

外出旅行，当您兴致勃勃地观赏祖国的大山名川，爬山进洞、上船下车时，脚下稍不注意就会发生踝关节的扭伤。

踝关节即人们平时所说的“脚脖子”，它是一个以支持负重为主要功能的关节，由内踝、外踝和胫骨远端共同构成。当脚屈向掌心时，由于踝关节前移，而距骨又是前宽后窄，所以这时距骨可稍向内外轻微活动。一旦着力不当，就容易扭伤。

另外，在踝关节周围还有三组韧带以加强其稳定性。其中外侧副韧带最薄弱，游览时走在崎岖不平的道路上，或者登山、下山的时候，一旦失足登空，往往脚在内侧位置着地，就会使踝关节的外侧副韧带损伤。扭伤之后，踝部疼痛、肿胀，运动受限，行走或负重时疼痛加重，有时还会出现皮肤青紫。

踝关节扭伤是旅游活动中最常见的一种软组织损伤。预防踝关节扭伤主要应注意两个方面：其一是走路时应尽量选择较为平整的路面，避免在高低不平处行走。凌晨、夜晚跨越山涧、隧道时往往光线不足，最好备只手电筒，保证有较好的照明。其二，下山、下坡、下车、下船时，踝关节常处于不稳定状态。因此，脚的跖屈（向脚心方向）角度不可过大，以保持关节稳定，不致左右摇摆而发生扭伤。特别是在下山的陡险地段不能只顾观山看景，而要精力集中脚踏实地、一步一个脚印地走。

踝部扭伤后，局部可用冰块或湿毛巾冷敷，以促使局部毛细血管收缩、减轻肿胀与疼痛。千万不要热敷或盲目乱揉乱按，以免使受伤部位的毛细血管扩张充血，加重出血与肿胀，扭伤后24小时局部再进行热敷，可使进伤部血液循环，尽快消肿。患足不能持重行走，睡觉时用枕头、衣物将其抬高一些，以促进血液向心脏方向回流，减轻肿胀。还要注意受伤部位的保暖，必要时可内服一些活血化瘀、消肿止痛的中成药，如三七伤药片、云南白药等。至于重症的踝关节扭伤，则应及时到医院求医诊治。

注意旅游中的负重

外出旅游，很多人大包小箱不少，肩扛手提之苦可想而知，为使您负重旅行时少受劳累，现在介绍几种方法，供您参考。

1. 负重方式要科学：应采用“双单肩挎”，就是将重物分成两件，用长度合适的绳、带等系牢，前后搭在肩上，与我国褡裢的背法相似。实践证明，这种负重方式比背、挑、手提分别能节省能量9%、29%和44%，并能腾出双手照顾孩子、拿递车票或提较轻物件等。

2. 行走姿势要合理：①腰直。人腰直，负重时会感到比较轻松舒适，消耗能量小，较能持久。②重心稳。负重行走时保持重心稳定，才能平稳自如，避免摔跌扭伤。③摆手。负重行走时，最好能有一只手像平时走路那样，伴着脚步前后摆动，这样较协调自然，利于减轻疲劳感。④匀速。负重行走最忌快一阵，慢一阵，紧几步，停几步，步幅和步速应尽量均匀。

另外，提举重物上肩时不要猛抄猛落；疲劳时，应适时休息一下，这样能使人保持自信感，防止意外损伤。

洞穴旅游的卫生保健

祖国土地辽阔、地形复杂、风景优美。广西桂林的七星岩、浙江桐庐城西的瑶琳仙境、江苏宜兴的善卷洞都是著名的岩洞。它们以神奇的丰姿、迷人的山境吸引着数以万计的中外游人。在溶洞，可观赏到千姿百态的洞中石林、石笋，能欣赏到地下鬼斧神工的自然造形。欣喜之余，还要注意穴洞中旅游的卫生保健。

青年人往往勇于探索开拓，好奇心强，因而喜欢到深山老林人迹罕至的岩洞，荒野的古堡古塔、废井寻幽探奇，这些无人涉足之地，往往有野兽栖息、毒蛇居住、害虫藏身，贸然进去时会遭到意外的伤害。有些天然的岩洞可能是盲洞或者是废弃的矿洞，往往通风不良、氧气不足或二氧化碳沉积洞穴深处，进入后可能会因缺氧窒息而昏迷洞中。一些尚未开放的山洞可能有动物腐败尸体、堆积的烂草，它们腐败发酵时不仅会消耗洞内大量氧气，而且还会产生一些对人体有毒的气体和硫化氢等，人体吸入后会引起肺水肿，促进缺氧，甚至导致窒息。突然进入非游览的山洞，有时会迷路洞中，受到饥渴甚至生命危险的威胁。因此，旅游时不可随便进入未开放的山洞。

洞中见不到太阳，阴暗潮湿，游览通道又曲折崎岖，稍不小心就可能发生意外损伤。岩洞中空气不流通，污染严重，加上游客中可能有人患呼吸道疾病，如在洞中咳嗽，打喷嚏，病毒细菌在岩洞内大量传播，健康人吸入这些含有病菌的空气，就很容易传染疾病。穴洞与外面的温差较大，内外之别犹如两个世界，因此游览穴洞时要注意添加衣服，以免着凉感冒。

进入穴洞游览，身边最好准备三件宝：第一件是手电筒，可以照明，防止在黑洞里磕碰、损伤皮肉，以及在高低不平、潮湿滑润的通道上跌倒，造成软组织损伤甚至骨折。第二是浴巾或单衣，特别是在夏秋季节，洞中的温度比外面低很多，披上浴巾或单衣可防止伤风感冒的发生，第三是手杖，既可以探路，又可以作为洞中登石阶的“第三条腿”。此外，如果在穴洞游览时戴上口罩，对防止呼吸道感染也大有裨益。

旅游十忌

一忌单独出游。最好与熟悉的人结伴同游，这样既可增添旅途乐趣，在途中有突发事故时，又能互相照顾。

二忌无目的滥游。无目的地花钱乱逛，既浪费金钱，又徒耗精力，影响身体健康。

三忌乘车坐船争先恐后。外出旅行乘车坐船时应遵守公共秩序，以保证安全，减少发生事故，避免在拥挤时丢钱失物。

四忌暴饮暴食。要注意饮食卫生；预防肠道感染，防止发生旅游腹泻。

五忌在风景区乱涂乱刻。这种乱涂乱刻、损害古迹、不讲精神的文明的行为会给人留下恶劣的影响。

六忌语言粗野。旅途中应时时处处讲文明礼貌，不要恶语伤人或与人争吵，以免破坏自己和同伴的情趣。

七忌随地吐痰或大小便。讲究卫生是一种社会公德，应自觉爱护旅游区的清洁卫生。

八忌任意攀折花木。应自觉爱护风景区的一草一木，让自己的行为和秀丽的风景名胜一样美。

九忌轻易交友。在旅游中应注意不要随便与不认识的人深交，以免上当受骗。

十忌随身携带重要文件或贵重物品。以防失密、失窃，造成不应有的严重损失。

老人春游八忌

如诗如画的春天强烈地吸引着人们出游。许多老年人也跃跃欲试，但由于身体状况的限制，必须坚持做到：

一、忌毫无准备。有些老年人喜欢搭车旅游，听说有车起身就走，不顾身体是否适应，也来不及准备衣物、食品，像这种毫无精神、物质准备的春游难免节外生枝。

二、忌不择天气。旅行前尤其是远途旅行，应先了解本地及目的地的天气预报，预知风雨、气温等信息，以及时添减衣服，应付天气变化。

三、忌车辆颠簸。乘车时尽量选择中间位置及舒适座位、必要时可加一层软棉垫，以防晕车引起恶心呕吐。

四、忌人不服老。与青年人相比，老年人体力、耐力均占下风，应量力而行，切不可为争一口气而不顾一切。

五、忌独身外出。单独行动多有不便，万一生病或发生意外无人照料，后患无穷。

六、忌中断治疗。许多老年人患有慢性病，外出旅行虽无妨碍，但若全身心投入观赏风景遗忘服药，很可能导致旧病复发或病情加重。

七、忌爬高登险。老人多重心不稳，为防止跌跤发生意外，最好佐以手杖以维持身体平衡。

八、忌暴饮暴食。饮食无节制，对各地美味佳肴、风味小吃来者不拒，势必加重胃肠道负担，严重者出现腹痛、腹胀等症状。另外要高度重视食品卫生，严防病从口入。

怎样防治旅途中发生的急症

在长途旅行中，尤其是在长途列车上，可能会发生一些“来势凶猛”的急症，严重地威胁着一些旅客的健康乃至生命。因此，广大旅客应该了解并掌握有关这些急症的常识，以便做好预防和能够正确地参与救治。

1. 虚脱：多发生在夏秋时，车厢里气温高、空气污浊、又闷又热。连续长时间乘车引起身体过度疲劳的慢性病人、孕妇、老年人和体质虚弱的青年妇女，比一般人更易发生虚脱。主要表现是：突然自觉头晕、眼前发黑、心难受，继而迅速出现面色苍白、出冷汗、肢端发凉，神志丧失或昏倒。

发生虚脱后，应立即将病人平卧，头放平或稍低些，打开车窗，放入新鲜空气，针刺人中、合谷、百会等穴，或用手指捏人中穴处，可有助于及早恢复。当神志清醒后，应让病人喝些清凉饮料。虚脱一般愈后良好，不必过于惊慌。多数病人可问出既往有类似发作的病史。

预防的有效措施是：防止过度劳累，注意车厢内的空气卫生，不在车厢内吸烟等。

2. 急性胃肠炎：多发生在夏秋季，由于旅客不讲究饮食卫生，吃了不洁食物而引起。主要表现为：发冷、发烧、腹痛，继而呕吐、腹泻，严重者可致脱水和电解质紊乱。发现病人后，首先应禁食，饮些糖盐水（开水内加入适量的白糖和少量食盐）。腹痛者服1～2片莨菪片或注射1支阿托品，或用热水袋（瓶）放置在腹部。复方新诺明、四环素片、黄连素片和止痢片等均有效。如脱水严重,应在附近车站下车,进行静脉输液。

本病的预防措施是:讲究饮食卫生,坚决不吃已经变质的食物,不从窜上车厢的小贩手里买食品,不喝生水等。

3. 脑血管意外:包括脑出血、脑血栓形成等严重疾患。多发生在原有高血压和动脉硬化的老年人身上。起病时症状有:头痛、头晕、肢体麻木及行动失灵、偏瘫、言语不清,进而意识丧失,或出现抽搐等。

发现上述病人,不要慌乱,应先将病人安放在附近的卧铺上或地上,头稍高,偏向一侧,以免呕吐时引起窒息。乘务员要及早通过列车广播室,请车内旅客中的医生来抢救。在未确诊之前,不准乱打药针,也不要随意搬动病人,周围的旅客应发扬互相友爱精神,保持环境安静,不要大声喧哗。

预防的措施是:患有高血压、动脉硬化的中老年人,在旅行中要坚持用药,注意休息,切忌过劳或着凉受寒,如发觉自己头晕、头痛、肢体麻木和其他异常时,应及早在附近较大的车站下车,就地就医。

怎样防止旅游“天气病”

变幻无穷的雨雪风云,不仅会给人们的旅游带来不便,而且还会使旅游者患上“天气病”,如冷锋病、干热风病、气压病、雪盲症等。

冷锋是指冷暖气团的交界之处。遇到冷锋,气温会迅速下降,使人的呼吸道抵抗力下降,容易引起气管炎、哮喘、百日咳及诱发其他疾病。由于低温的刺激,肾液分泌过多,使肾病发病率上升。寒冷还会导致血压升高,使心肌梗死发病率增加。预防冷锋病的办法是出游前要注意旅游地点的天气预报,及时添衣。平时还应注意锻炼身体,以增强体质。

干热风病主要发生在春末夏初。干热风指的是风速大于 3 米/秒、最低气温高于 30℃,最小相对湿度小于 30% 的气候。在持久干热风的天气下，人们易产生偏头痛、眩晕、烦躁、抑郁、心悸、失眠、疲倦、无力甚至呼吸困难、心绞痛等症状。此时应大量喝水以补充水分，摄取糖分以消除高血钾症，还应适量地多吃些食盐。此外，吸入负氧离子或在林中散步也有好处。

攀登上高山后，游客会因缺氧而呼吸困难，并感到头晕、头疼、气短、恶心、无力、呕吐、心跳加快，严重的还会出现高山昏迷和高山肺水肿等病症，这主要是由于高山气压低而引起的。山的海拔越高，气压越低，人体内氧气的库存也随之越少，使人体产生一系列的不适。夏季雷雨前后气压剧升剧降，也容易使人激动，或无精打采、关节疼痛，以及诱发心血管系统疾病。身体不好的人此时应减少活动量，最好不要贸然爬过高的山峰。

雪盲症是在白雪皑皑之中游览、玩耍时，眼睛被太阳的反射光灼伤而引起的。太阳光中的紫外线经雪地反射到眼内，会损伤眼球结膜与角膜，使人感到眼内有异物、刺痛、畏光、流泪、视物模糊、睁不开眼等。雪盲症的潜伏期6~8小时，1天后可逐渐缓解，一般不会致盲。得了雪盲症后应立即停止赏雪，眼睛局部可用冷敷，眼内点些氯霉素眼药水或涂些金霉素眼药膏。为防止雪盲症，赏雪时最好能戴上变色眼镜。

注意骑车旅游的安全

近年来，骑自行车旅游的人愈来愈多。骑车旅游不但能使人们饱览祖国的秀丽山川，了解各地的风土人情，而且可以磨炼人的意志，增强体质，因此也是一项有益于身心健康的健身运动。因为骑车旅游能增强肺部呼吸功能，促使心脏输出量增加，全身骨骼关节也变得更加灵活。

然而，骑车旅游毕竟是一种有特殊内容和形式的活动。在你打定主意要以这种方式出行时，不妨参考一下我们为您提供的几点建议。

进行体检：必须具备一定身体条件者方可骑车旅游。出发前应进行

一次体检，有高血压、冠心病、腰椎间盘突出症、脑部做过手术者均不适宜骑车旅游，心、肺、肝、脾、肾等主要脏器无严重的器质性病变才能经得起长途旅行的颠簸。

结伴而行：骑车旅游人数最好是二人或二人以上，而且要相互了解彼此之间的身体健康状况，以便相互照应，保证旅途的安全。

选择季节：一年四季中，春秋两季温度适中，气候宜人，是骑车旅游的黄金季节。离退休的老同志在天气过冷或过热时都不适宜出远门，以免诱发慢性疾病的急性发作。

做好准备出发：前应查阅有关资料，研究好旅游的目的地、行进路线、参观点及宿营地，以便有的放矢、心中有数。途中只需携带生活必须品即可，重量控制在 15～20 公斤。此外，还应备有常用药品和小型打气筒。

选择车辆：无论男女，最好骑无横档的坤车为好。临行前应检修车辆，看看刹车是否灵、轮胎有无漏气、零件是否好，最好备有车灯。调整好座垫：座垫太高，骑车时膝关节过于伸直，比较费力气；座垫太低，蹬下时不灵活，且易引起关节疾病。最适宜的高度以自行车脚踏蹬到最低位置时膝关节能伸直为宜。

讲究姿势：骑车姿势不当，不仅不安全，而且易使身体疲劳。正确的姿势应是上身略微前倾，双臂伸直或弯直：双眼看前方 15－20 米处。同时骑车时间不宜过长，如确实需要，亦可间断进行；速度以中速为宜，速度过快，下肢肌肉连续收缩易引起痉挛疼痛。

注意休整　骑车行驶一段时间以后，应注意中途休整，以便消除疲劳，继续前进。切忌在饥饿、饱食、大量出汗、疲劳过度、休息不好等情况下骑车。

登山旅游前的准备

想一睹群山秀丽风光的旅游者,事先必须做好充分的准备工作,以防旅游途中增添麻烦。

首先应精简行装,以“轻装”为原则,带上“必需品”。所谓必需品,包括导游图及有关资料、方便食品、饮料、雨具、拐杖等。山上食品饮料供应点较少,自己携带可随时吃喝,补充体力。海拔较高的山峰气温较低;还需带上御寒衣物。如有条件,带上照相机、便携式收录机就更理想了。

其次须穿上一双适合登山的鞋子,要求鞋底应摩擦力较大、软底、软帮、系带,如登山鞋、胶鞋等。登山全靠走路,而山路一般崎岖难行,甚至陡峭无路,如穿上高跟鞋就要吃足苦头,甚至寸步难行。

三是应安排好登山计划。天黑前一定要到达食宿地点,以免露宿山野,诸多不便。登山时须根据各人的体质量力而行,碎石上要防滑,陡坡上不攀草,下山路上往往容易出事。一些年轻人喜欢乘着登顶的兴致顺着山坡一溜小跑,结果由于因登山时用力过多,腿肚发胀,脚尖易充血,容易发生危险。

注意乘机的安全

随着人们生活水平的提高,乘坐飞机旅游的人越来越多。为了您旅途的安全,乘坐飞机时请特别注意以下几点:

一、系好安全带

安全带是保证旅客乘机时免于摔伤的一种安全设备。在飞机起飞、降落或者遇到较强气流时，飞机会发生剧烈颠簸，不系好安全带的旅客很容易受伤。所以，旅客乘机时，一定要注意系好安全带。

二、会用氧气面罩

氧气面罩是在机舱失密或机舱内出现有害烟雾、气体时保证旅客正常供氧需求的设备。氧气面罩一般“藏”在座位的上方，一个座位配备一个，在需要的时候，会由机组操纵自动落下。旅客如遇到这种情况，切忌乱抓乱抢，以免拽断输氧管，只需轻轻拉过离自己最近的氧气面罩套在头上即可。

三、勿动安全门

安全门是飞机在机场以外的地面或水面迫降后疏散旅客的出口。门上有明显标记，其把手为红色。安全门一旦打开，就会有一条连接地面的滑道自动展开并充气。所以，请记住勿动安全门，也不要碰机上任何红色标志的把手和按钮。

注意骑马旅游的安全

不论到高原旅游，还是到高山旅游，都会遇到骑马的机会。有时是兴趣所致，有时是需要（因在有的地方骑马是唯一的交通方式）。

首先要向管理马的人了解所骑马的习性。初骑马的人，应挑选比较温驯的马，不宜骑调皮的或易惊的马。其次是了解和掌握马身所带的用具（如鞍、镫、缰绳、钗子等）怎样使用及怎样上马。马背上的鞍子是供人坐的，鞍子有骑鞍，驮鞍之分。人坐的是骑鞍。它比驮鞍宽大，骑鞍上要垫些比较软的东西（通常是用马搭，里面装上行李）当坐垫。坐垫厚度要适当，垫得太厚了坐不稳；垫得太薄了又容易摩破皮肤。马嘴上套有缰绳和钗子。缰绳是供拴马、牵马、停马用的;钗子是套在马嘴里的铁环,两边拴有皮条或绳子,是驾马的“方向盘”,要马左转拉左边,右转拉右边。一对脚镫吊在鞍子两边,供上、下马时和骑马放脚用。使用的正确方法是将脚尖踏上镫子。才能将脚掌伸进镫中,这样如果从马背上摔下来,脚套进镫中取不出来,人被马拖跑,容易发生生命危险。开始上马,可请人将马牵住扶上马;要下马,先用缰绳将马停住,方可下马。上马时要动作敏捷,用力一跃即成。从哪边上马,依各人习惯而定(多数人习惯于从左边上)。在平地上,左右均可上;在坡地,右边高从左边上,左边高从右边上。习惯从左边上马的人,适宜在左边选个地势稍高的位置上马。

骑马需要注意的问题:一是不能骑得时间太长,因为骑马时人的腿长时间弯曲容易麻木,也容易腰痛。因此骑一段后,要下马走一段,活动一下筋骨。如果遇到比较陡的下坡路,要主动下马步行,以免发生危险。二是骑在马背上,不要穿、脱衣服或挥动其他使马感到生疏的东西,以免将马惊跑(对易惊的马而言)。三是初学骑马的人不宜快马加鞭。马跑起来后,不要慌张,脚尖要蹬紧,手要拉紧缰绳,同时稍弯腰伏背,以免摔下来。

注意徒步旅行的安全

正常人谁都会走路,但在徒步旅行中如何行走、应注意哪些问题,这里有不少学问。

徒步旅行要注意以下问题:

1. 徒步旅行时要有很好的旅行计划,事先预计并解决好沿途的行、吃、住、玩,最好是 2 ~ 3 人结伴而行,途中可以相互帮助,相互照顾。

2. 出发前应通过各处渠道,了解您所要经过的地区有无传染病流行,以及水源、食品、居民的生活习惯、当地的道路、当天的天气情况等。

3. 夏季徒步旅行时,要避开一天中最热的时间,如上午 11 时至下午 3 时,以预防中暑,而且要戴草帽,水壶灌满水。还有,要避开暴风雨,遇上雷击时,不能在河边、大树下躲避、休息。

4. 要掌握行程速度,一般是两头稍慢,途中稍快。开始行走时以每小时 4 公里左右为宜,一天行走 25 ~ 30 公里。

5. 一般走 50 分钟,安排小休 10 分钟,此时可整理服装、鞋袜,补充开水。每天途中大休息一次,一般 2 ~ 3 小时,休息地点应挑选阴凉通风处,避免在烈日直射、低洼、潮湿处休息。休息时可抬高下肢,促进下肢血液回流,减轻下肢肿胀。到达住宿地点后最好能用热水擦身,温水洗脚。

6. 要保护足够的睡眠时间和热能的补充。旅游中,既避免暴饮暴食,也要适当调配饮食,不能长时间食用干粮、罐头,要吃新鲜的水果蔬菜。还要注意饮食卫生、饮水卫生。

7. 旅行时应穿既能通风发汗,又有防止日光照射、保护皮肤的浅色布料衣服。内裤以穿半新的为好,裤裆不要提得太高,以防行走时,裤裆紧贴大腿而引起皮肤擦伤。万一皮肤擦伤时,患处可涂以凡士林或撒上滑石粉,使局部干燥,减轻摩擦而引起的疼痛。一般来说,山区、郊区的气温较城市为低,风速也较城市为大,因此要根据气候、地理特点,随时增减衣服。

旅游新时尚

教师必备知识丛书

航天旅游

航天飞行旅游。是俄罗斯宇航局开辟的一个十分新奇的旅游项目。俄罗斯有3架用作训练宇航员的航天飞机。“伊柳辛——76”是其中一架,它拥有目前世界上5个无重力舱中的一个。为了满足国内外游人对航天事业的好奇心。俄罗斯宇航局决定将它对外开放,任何人都可以进里面去“享受”一番。“伊柳辛——76”舱内像一个舞蹈排练室,可以容纳10多人。航天飞机起飞后,往莫斯科周围田野和森林的上方飞去。不一会儿,坐在舱底、背靠墙壁的游客就会感到自己被一种比正常重力大两倍的力量挤压着。航天飞机在爬到9000米的高空之后转而向地面俯冲。这时候,双倍的重力感突然消失得无影无踪,代之而来的是一种完全失重的感觉。游客们就会奇怪地发现自己的身体变得像气球一样很轻很轻,开始漂浮起来。几分钟之后,航天飞机降到地面。游客们对这一令人刺激的旅游项目十分感兴趣,报名参加的人不少。但不是每个人都能得到这种“享受”,必须通过体检,身体素质和心理素质良好的人才有“上天”的资格。

潜艇旅游

美国太平洋旅游热点塞班岛,有一旅馆业者开辟了一项潜艇旅游项目。他的那艘游览潜艇,名为“玛丽亚1号”。每天下潜5－7次,每次45分钟。为游客开辟三项海底活动:一是周游美丽的水下珊瑚礁;二是沉船探险；三是观赏海底浮游生物。该潜艇安全性能良好，除能确保自由浮潜之外，水底纳与海面救助通过无线电保持联系，以防万一发生事故。潜艇每次都潜入到海平面以下 100 ~200 英尺。它有两个收音频道可以收听英语和日语导游解说。在探照灯照射下，游客可透过玻璃钢窗看见神秘而又五彩缤纷、生机勃勃的海底世界。

潜水旅游

潜水旅游是当今世界上颇为热门的特种旅游项目。所谓潜水旅游，就是游客在海岛潜水中心的潜水督导员的陪伴、指导下，身着潜水装备潜入海底，或观赏丰富多彩的鱼类、色彩斑斓的珊瑚等海生物，或考察海底地貌，或探寻水下沉船古迹，或进行水下狩猎、摄影和打捞活动。

世界上有 30 多个国家建立了 280 多个海底潜水旅游中心，生意相当兴隆。

沙漠植树游

沙漠植树游是 1991 年由日本鸟取大学教授远山正英发起的一项旅游活动。

这一活动的时间为 7 宿 8 天，主要目的地是中国内蒙古自治区。此旅游项目一推出便受到了不少日本游客的积极响应，有的连续几次带着全家参加这一旅游活动。他们认为，提着水桶在沙漠上边流汗水边植树，还可以和当地人民尽情交往，这是一般旅游所无法体会到的乐趣。现在，内蒙古一望无垠的沙漠风光每年都吸引着大批日本游客前来观光植树。1994 年植树数目，已达到 100 万棵。

服务旅游

日本一些旅行社为保护生态环境，保持山美水清，每周都推出一批“一日游特别团”。在这项旅游服务中心，旅行社免费为旅游者提供交通车辆和一餐盒饭。游客则在观赏名胜古迹的同时，动手收集地上的垃圾，以保护游览区的清洁卫生。这一活动颇受具有环保意识的日本老人和青少年的欢迎，报名者十分中踊跃，有的以集体形式参加，有的家庭全体出动。他们认为这是增强社会责任感的一种有益形式。

戒烟旅游

戒烟旅游是原西德自然生物治理中心和库蒂阿尔博士一起主办的旅游项目。愿意戒烟的旅游者可以乘坐豪华游船游览地中海，并在船上接受耳针针刺治疗以解除烟瘾。旅游结束时，旅游者会心情舒畅地停止吸烟，虽失去最要好的“朋友”而无遗憾。

文艺旅游

德国科隆贝尔一家旅行社根据德国文学名著的描述。安排游客游览作品中主人公在一些地方居住和活动的遗迹。游人一旦置身书中所描绘的境界,就能更深刻地理解书中人物的情绪和感受。这家旅游社先后根据德国家文学家、思想家歌德的长篇小说《少年维持之烦恼》《威廉·麦斯特的学习年代的漫游年代》等,安排了十分吸引人的旅游线路和旅游内容。大学教授、学生和文学爱好者尤其对这一富有文化内涵的旅游项目感兴趣。

古堡旅游

德国素有“古城堡之邦”的美誉,全国约有 1.5 万座各种造型奇特、历史悠久的古堡。这些古堡大都地处风景优美的山地、海边或湖滨,是旅游观光的理想所在。当地政府和旅游商都纷纷投资,将旧甚至破败不堪的古堡重新修整,改建成旅馆、餐厅、娱乐场所,以接待度假的旅游者。有的地方隆重推出古堡旅游项目,为人们提代古典式生活服务,如举行古代宴会和婚礼,表演古代文娱节目,甚至演示古代战争中的场面。古堡旅游一度在德国成为时髦,许多人都十分喜欢这种旅游方式。

自助旅游

自助旅游，就是驾驶着炊事、住宿设备齐全的现代大篷车随心所欲地到处旅游。这种旅游形式在美国十分普及。只要邀上三五好友，驾驶一部大篷车就可以踏上旅程，徜徉在自然的怀抱中。

自助旅游的便利，不仅在于大篷车日行千里的机动性，而且在于它可以省去赶车和找旅馆、餐馆的麻烦；因为美国各个国家公园里都有供自助旅游用的停车营地、旅游者可以享受自己与朋友烹茶煮茗的乐趣。行至一清凉的湖畔，还不妨停下来与松鼠共进野餐，或与野鸭同戏湖水。偶尔发现迷人的小道奇径，大可停车探幽。日出日落，奇花异石，均可尽情饱览而毫无吃住行之烦扰。

“候鸟旅游”

“候鸟旅游”一词出现于1909年，是由一位名叫理查德·希尔曼的德国教师倡导的。他把活泼可爱的青年比作候鸟，号召他们利用节假日漫游祖国的秀丽山川，加深对自己国家的认识。在他的倡导下，许多青年人成群结队，背着背包，弹着吉它，唱着歌曲，漫游名山大川，享受大自然的厚赠。他们的欢歌笑语也给山村水寨带来了青春气息。

为了方便青年人的“候鸟旅游”，德国各地的“青年客栈”当时也应运而生。便宜的住宿费，极大地刺激了“候鸟旅游”。

鸳鸯游

这是旅游王国西班牙推出的一个旅游项目。它有两种形式:一是为新婚者组织度蜜月旅游,如西班牙加那利自治区政府组织的“爱情之旅”活动,邀请几十对新婚夫妻到大西洋的一个岛上欢度蜜月,条件是必须身穿结婚礼服进行活动;二是离婚者组织“破镜重圆旅游”,如“和好之旅”即邀请那些已离婚、但愿重修百年之好的夫妇,参加免费旅游,但参加者必须交验曾是夫妇但已离婚的证明,旅游期间双方必须住在一个房间,并以夫妻身分参加旅游期间的各项活动,并保证在旅游之后复婚;否则,自负旅行费用。此种新颖的旅游项目颇受欢迎。

寻偶旅游

瑞士一家旅游公司专门为单身老年人开办了一项寻偶旅游。参加旅游的人必须是因离异或丧偶的单身。旅游公司为他们精心安排旅游线路,创造各种有助于双方互相照顾、加深了解的机会。假若双方均有诚意,旅游结束后,旅游公司将派他们的导游先生或导游小组当红娘,促使他们结成伉俪。这一旅游项目颇受单身老年人的欢迎。

海滩日光游

法国的尼斯海滩位于地中海畔，被人称为“无上装海滩”。这个海滩面积很大，但却不适合游泳，因为这里海浪特别大，不懂水性的人很容易被海浪卷走。海滩上都是一颗颗被海水长期冲刷得圆圆滑滑的卵石。法国人到尼斯海滩大都是为了作海滩旅游，即躺在海滩上进行日光浴。法国游人无论男女，也不管年龄大小，来到这里都不穿上衣，这样即能充分享受海滩日光的温暖，又可以显示一下自己美好的身姿。女士对于男士的目不转睛并不介意，她们早已习以为常了。一些去海滩旅游的外国人，也会“入乡随俗”，领略一下异国的风情。

泥滩旅游

美国加州洛杉矶的一个旅游区，有一个特别的“游泳池”，里面不是清澈透明的碧水，而是红色的泥浆。据说这种泥浆对人的美容和治疗都有一定功效。到旅游区游泳的人都要在这痛痛快快洗一个泥浆澡，在泥浆坑里打滚嬉戏，乐不可支。虽然一丝不挂，但个个泥浆糊身，也并不令人难堪。洗完泥浆澡，到旁边的温泉去冲洗、浸泡，几分钟之后浑身就有一种前所未有的轻松舒适之感。

慢车旅游

位于崇山峻岭之间的瑞士，有一条被称为“冰河旅游快车”的铁路干线，从瑞士南部的热蒙特到著名的度假胜地圣·莫瑞斯，全长 260 公里，行车时间却要 8 小时，平均 1 小时走 32.5 公里。名为快车，实为慢车。瑞士人称它为“慢车旅游”。

作慢车旅游，无论冬夏，都可以饱览阿尔卑斯山优美的湖光山色。天寒地冻时，会在温暖的车厢中欣赏白雪皑皑的山峰和气势雄伟的冰河。春秋时节，则可以饱览青葱的山林、峻峭的岩石，不时映入眼帘的幽静小湖尤添许多情趣。一路上还要经过世界上著名的特长隧道——约 14 公里长的道福卡隧道，还有许多长虹般横跨两山之间的高架桥梁，令人惊心动魄，兴味盎然。

马车旅游

瑞士一家旅行社，专门安排别开生面的吉卜赛马车旅游。旅游者坐在吉卜赛式的有篷马车上，从卢塞尔出发，以时速 6 公里的速度，沿着瑞士风景优美的乡间小路前行，经过一个个山青水秀的湖泊，穿过一个个林荫密布的自然保护区，然后返回出发地。

马车虽小,但上面各种野外旅行用具十分齐全。

骑马漫游

在旅游王国西班牙,兴起了一项新的旅游项目——骑马漫游。

骑马漫游的时间、线路、价格均不相同,长则20至30天,短则3至5天;价格最贵为14万比塞塔(折合1000美元)左右,最便宜为2800比塞塔(折合20美元);长途行程每天只行6小时。游客只需提前和主办旅行社预订好,便有专人负责为他们喂马、备马具、订房、订餐。

由于骑马旅游自由、随意,且有新鲜感,因而对于年轻的旅游者来说,颇具吸引力。

皇宫火车旅游

印度旅游部门开办的皇宫火车旅游,吸引着大批有钱的游客。这种皇宫火车布置得像印度藩王的夏宫,金碧辉煌,奢侈豪华,服务人员一律打扮得像皇宫里的侍者,游客们一一身着王公贵族的服饰。在车厢里既可体验昔日印度王公贵族的豪华生活,又能观赏沿途的寺庙、宫殿和田园风光。游客们就像皇室成员出巡一样,每到一地都能得到当地旅游部门高规格的接待。

观鸟旅游

日本不少旅行社为适应人们对野生鸟类的关注,推出赴著名野鸟栖息地观察鸟类生活的集体旅游。例如日本北海道的乌托纳湖畔,常年栖息着许多珍稀水鸟,是观鸟旅游的理想场所。那里鸾凤和鸣的鸟叫声,山青水秀的幽雅环境,为日本国内外旅游者所瞩目。旅行社还专门为旅游者聘请了鸟类专家随行讲解、指导,游客们既增加了对野生鸟类的认识,又得到了自然界的美的享受。

“白色垂钓”旅游

加拿大东部圣劳伦斯河与哈德逊湾之间的萨格内湖泊区,是垂钓者的乐园。一年四季来此垂钓的旅游者不少。有关方面也不断推出各种垂钓活动,例如“白色垂钓”就是这里的旅游经营者们每当严冬时节推出的一种活动。

所谓“白色垂钓”,就是在河中的冰面上开凿一条2至3米的小沟,然后将一间没有地板的木屋安放在冰面上,垂钓者在零下30℃的低温下躲进小木屋,端坐其间,向沟内布下鱼竿,等鱼上钩。鱼一上钩,马上就成了取暖火炉上的佳肴。这种垂钓旅游不仅吸引了大批当地人,连外国旅游者都将它视为一乐。不少欧美客人还特意选择冬季前往享受“白色垂钓”的乐趣。

狩猎旅游

美、英、法、德、奥地利、日本等国,有相当多的狩猎爱好者,他们十分热衷于以狩猎为主要内容的旅游活动。每年都有数万人去加拿大、韩国和东南亚国家狩猎。世界上许多野生动物资源比较丰富的国家,如非洲的肯尼亚、喀麦隆、坦桑尼亚,欧洲和匈牙利、南斯拉夫、保加利亚等,都纷纷开辟天然动物园、森林公园、狩猎场,以接待国内外的狩猎旅游者。狩猎旅游是一种耗资很大的高消费旅游,尽管如此,参加狩猎旅游的人每年都有增无减。

学艺旅游

法国各地旅游部门为变旅游者的消极性度假为积极性度假,开了五花八门的学艺旅游项目。游客可以在旅游目的地拜当地的艺匠为师,学习制陶、编织、纺织、雕塑、绘画、织壁毯、淘金、做花边、吹制各种玻璃器皿等技术。游客可以根据自己的兴趣爱好,自己选择技艺。学艺费根据时间长短而定,少则 340 法郎,多则 2000 法郎。

“打仗”旅游

英国一旅游商为了吸引度周末的旅游者，在伦敦东南30公里的林地，开辟了一个硝烟弥漫的“战场”，用于开展一项游式的“打仗旅游”活动。

参加这项旅游活动的游客，分成敌我两方，身着不同标志的迷彩服，头戴钢盔，荷枪实弹。“开战”之后，双方从各自营地出发，为抢占高地开展激烈的“交战”。子弹射击的砰砰声响成一片，呐喊声此起彼落。他们一会儿冲锋，一会卧倒，各自寻找有利地形，向对方猛烈“开火”。最后以是否抢占高地或夺得对方军旗和“杀伤”对方人员的多少决定胜负。游客们使作的都是一种经过改装的武器，以二氧化碳为动力把子弹射出。不会伤的带着颜色的子弹，仅仅在被击中者身上留下红色的油漆印。为了增加烟雾效果和紧张气氛，他们有时还会投放几枚“闪光弹”。

这项活动源于美国，现已成为英国游客人数增长最快的一项旅游活动。全国已开辟了100多个“战场”。

观火旅游

中美洲国家萨尔瓦多地处太平洋火山地带，素有“火山之国”的称号。首都圣萨尔瓦多郊区方圆60公里内是火山最中、最活跃的地段，其中活火山7座，死火山数不胜数。当地旅游部门在这里开辟了火山旅游区，专门开展一项名为“观火旅游”的活动。

火山游览区中最为壮观的,要数海拔1900多米的伊萨尔科火山。游客在火山口四周坐下,可以观赏断断续续的喷火奇景。火山每15分钟喷发一次。起初像蒸汽一样,烟雾缭绕,接着便有一个巨柄蘑菇似的烟团升腾而起,等闻到一股硫磺味时,火山开始喷出几十米甚至几百米高的烈焰腾腾的熔岩。夜间更是火光冲天,十分壮观。

"地震"旅游

人类饱受地震之灾,无不谈震色变。为了使人们认识地震,体验地震时的惊恐感受,美国一些旅游商别出心裁地推出了一项地震旅游活动。

组织者把游客安排在一座用超轻型材料建成的寓所内,并装有能制造地震效果的特殊设备。游客住进寓所之后,过着正常的起居生活,然后通知说近两天内会发生地震,但具体时间不详,也许在白天用餐时,也许在半夜酣睡时,弄得客人个个神经紧张。

"地震"发生时,寓所马上墙倾梁断,床翻屋倒,地震蓝光,令人心悸,但绝无人身伤亡。许多游客认为这种旅游活动有惊无险,十分有趣,慕名参加者不少。

绿色旅游

这种旅游是法国一位叫欧欠尔的参议员发起的,它是让久居喧闹都市的人们到恬静的乡村度假,在蓝色的海洋中遨游,重新认识大自然价值,增强城乡人民的友谊和交往。

太空旅游

美国为了迎合那些太空好奇者，别出心裁地开办了"太空旅游"。凡报名者只要自己认为身体健康，即可乘坐定名为"凤凰 E"号旅游飞船。享受"直上九重霄"的乐趣以及在失重情况下飘飘欲仙的太空幻想。许多人不惜重金，争相取得太空旅游的机会，报名时先交 5000 美元的定金，全部费用约为 5 万美元。

美食旅游

以品尝高级菜肴和风味名食为目的。很多海外旅游者到中国旅游就是为了品尝形、色、味俱佳的中国名菜。

铁窗生活旅游

美国罗德岛的新巷海岸，有座建于 1722 年的古老监狱，几年前，商人格拉西把它改为"监狱酒店"，开办"铁窗生活旅游"。来此的游客每人发给一件黑白相间的囚衣,所用食具及作息时间与一般监狱完全一致,这些“游客囚犯”们将同真正的罪犯一样过着铁窗内的生活。不同的是,这些“囚犯”毫无忧郁之情,“囚室”内铺有柔软的地毯、舒适的床铺、彩电及音响等现代化设备,因此很多人愿到此一尝牢狱生活。

宗教旅游

宗教信仰者到各国朝拜宗教圣地。每年圣诞节期间,世界各地大批基督教徒到耶路撒冷朝圣。

劳务旅游

旅游者在旅游地付出一定的劳动,既可弥补经费不足,又能延长旅游时间,同时通过劳动来接触社会底层,更深地了解当地的风土人情。如到爱尔兰拯救濒临绝迹的沼泽地,去洪都拉斯协助森林重建,到尼加拉瓜帮助采咖啡豆等,这种旅游受年轻人的青睐。

化妆旅游

日本流行起一种以女性顾客为主的“化妆旅游”,让顾客在旅游观光的同时,穿上特殊服装和化妆,以增添旅游乐趣。

从东京出发到千叶县,在迪斯尼乐园附近的酒店,团员都换上新娘婚纱,拍照留念,吃一顿饭,再聚集豪华游览船回到东京港,全程六小时,收费是1.95万日元。参加者多是年轻职业女性,也有刚毕业的大学生及少数家庭主妇。她们说:“穿上一生中有机会穿一次的婚妙,体验一下新娘子心情,很不错。同时拍张照片,点缀自己的相簿也很有趣!”

猎奇旅游

西方不少旅客喜欢猎奇,如乘飞艇欣赏沙漠奇观,进入非洲原始森林观看野生动物等。

科学探险旅游

科学探阶旅游在世界上许多国家早已诞生,但在我国,科学探险旅游才刚刚起步。我国地域辽阔,自然条件复杂多变,自然景观丰富多彩。除国家风景名胜点外,还有许多鲜为人知、风光奇特的原始森林和大草原,蕴含着诱人的情趣。中国科学院在这些地方设有大量的野外观测站,常年观测保护这些自然奇观。参加科学考察旅游,游客可以亲自观测、参与野外作业探索,体验科学考察的魅力。

我国是世界上山岳冰川最多的国家,游人可在科学导游带领下,在新疆、西藏、四川、青海、甘肃等地从事探险,走进具有奇险奇趣的冰川世界。我国西藏墨脱南迦巴瓦大峡谷是世界上最深、最壮观的大峡谷。漂游在金沙江、怒江、澜沧江、雅鲁藏布江和黄河的惊涛骇浪中,可领略惊心动魄的奇趣,观赏横断山脉中的白马雪山、虎跳峡等。塔克拉玛干大沙漠是世界上最大的流动沙漠,隐匿着无尽的奥秘。茫茫沙海、神秘古城,吸引着无数游客、科学家和探险家。游客可骑着骆驼,向大漠深处挺进。科考探险旅游的项目有天文观测旅游,冰川雪峰旅游,地质古生物旅游,沙漠、草原、高原旅游,森林生态旅游,观赏野生动植物旅游等等。

生态旅游

生态旅游(ecotourism)一词出现的时间并不长,在1990年出版的"旅游词典"(Metelke编著)上还找不到,可见它是一个新生事物。

生态旅游还没有一个普遍接受的定义。有些人认为它是指通过限制游客量来开发和保护资源,有的认为是指在自然地区的探险旅游。不论怎样看,它的功能是协调和平衡,环境与资源的保护及旅游开发之间的矛盾。

生态旅游是90年代国际旅游的新时尚,表现出强劲的增长势头。这是基于,人们希望逃离繁忙喧嚣的工作环境,回归大自然,向往"原始"的自然环境和资源与环境的保护要求而限制旅游开发,控制游人量。

既要满足人们对自然区域的向往,又要保护它的环境,有效措施是建成一个生态旅游区,同时满足这两个方面的需要。一个生态旅游区可以是自然保护区、森林公园、风景名胜等,但又不完全等同。生态旅游区在保护环境与资源的基础上,充分发挥其经济价值。对游客量有必要的控制。游客即时与长期的容量研究是这种控制的依据。

体育旅游

体育旅游,顾名思义,就是投入大自然的怀抱,进行登山探险、漂流江河等活动,把体育和旅游紧密结合起来。体育旅游有三大好处:

一、可以松弛人们紧张的情绪。现代生活节奏的加快,不同程度地破坏了心理平衡,而利用业余时间和节假日,来到野外进行体育旅游,不仅能欣赏优美的自然景观,还可以增强体质,诱发人们的生活热情。

二、可以治疗部分疾病。城市空气受到严重污染,体育旅游可使人们得到更多的"空气维生素"——负离子,负离子能促进血液循环,降低血压,提高骨髓造血机能。资料表明,大城市空间每立方厘米只含负离子40~50个,街头绿地含100 ~200个,公园含400~600个,而海滨、山谷、瀑布等处则高达20000个以上。

三、能磨炼意志、陶冶情操,调整人际关系。体育旅游实质上也是一种生存能力的训练,可以体验生存艰辛,培养责任感和创造精神。

专项旅游

1. **神州掠影游**

北京:长城　故宫　颐和园　定陵　梨园剧场　**陕西:**秦俑兵马　历史博物馆　明代城墙　仿唐乐舞　**上海:**黄浦闹市夜景　南浦大桥　杂技　**广东:**深圳新貌

2. **长城游**

北京:八达岭、幕田峪　**天津**:蓟县黄崖关　**河北**:秦皇岛老龙头、山海关、角山、承德、金山岭　**山西**:雁门关　**宁夏**:古长城遗迹　**甘肃**:嘉峪关

3. **长江三峡游**

四川:重庆　大足宝顶山石刻　北山石刻万县　白帝城　瞿塘峡　夔门　大宁河　巫峡　**湖北**:宜昌　西陵峡　葛州坝　神农架　神农溪　沙市　荆州古城　万寿宝塔　文星楼　武汉　黄鹤楼　编钟　**湖南**:岳阳　洞庭湖　岳阳楼

4. **黄河风情游**

青海:龙羊峡水库 **甘肃**:兰州 刘家峡 炳灵寺 **山西**:临汾 壶口瀑布 东岳庙 运城 关帝庙 黄河铁牛 永乐宫 普救寺 **内蒙古**:呼和浩特 四子王旗格根塔拉 东胜 成吉思汗陵 **河南**:三门峡 三门峡水库 黄河古栈道 虢国墓地车马坑 洛阳 豫西窑洞 龙门石窟 白马寺关林 洛阳古墓博物馆 开封 宋都御街 铁塔 龙亭 相国寺 郑州 黄河观 **山东**:济南趵突泉 千佛山 大明湖曲阜 孔府 孔庙 孔林 泰安 泰山 岱庙

5. **奇山异水游**

福建:武夷山天游峰 玉女峰 九曲溪 厦门 鼓浪屿 日光岩 **安徽**:黄山 北海 莲花峰 玉屏楼 天都峰 飞来石 始信峰 **贵州**:黄果树 天星景区 织金洞 **湖南**:武陵源 索溪峪黄龙洞 张家界 金鞭溪 天子山十里画廊 **广西**:桂林水上漓江 阳朔 芦笛岩 七星岩 **四川**:九寨沟 黄龙 **吉林**:长白山天池

6. **丝绸之路游**

陕西:西安　历史博物馆　丝绸之路博物馆　**青海**:西宁东关清真大寺　北禅寺　青海湖　塔尔寺　**宁夏**:固原　须弥山石窟　北周李贤墓和鎏金银壶　**甘肃**:敦煌　莫高窟鸣沙山　月牙泉　榆林窟　**新疆**:吐鲁番　高昌故城　交河故城　阿斯塔那古墓　坎儿井　乌鲁木齐　新疆民俗展馆天山　天池　库车　库木吐喇千佛洞　喀什　巴扎　艾提尕清真寺

7. **江南水乡游**

江苏:南京　秦淮河风光带　中山陵　明孝陵　城墙　扬州　乾隆瘦西湖水上游　汉墓博物馆　漆器玉器厂　镇江西津渡古街　常州　淹城　文笔塔　天宁寺　篦箕巷　集市　无锡　太湖　民俗村　苏州　拙政园　虎丘　网师园　留园　周庄　丝绸博物馆　水上小龙舟　**浙江**:杭州　西湖　茶叶博物馆　灵隐寺　胡庆余堂　嘉兴　富春江农家乐　新安江渔民婚礼　绍兴　鉴湖　大禹陵　鲁迅故居　水上乌篷船

8. **西南少数民族风情游**

云南:昆明　海埂民族村　西山　金殿　大观楼　滇池石林　阿庐石洞　九乡彝族　哈尼族风情　大理白族三道茶歌舞　西双版纳傣族村寨　**贵州**:贵阳　红枫湖侗寨　墨土苗寨　安顺侗寨　安顺蜡染　凯里侗寨苗乡　**广西**:桂林民族风情园　龙胜壮族　三江侗族风情　南宁　武鸣　防城港市壮族　京族风情　柳州融水贝江苗族风情　**四川**:凉山彝族风情　泸沽湖

9. **中原民俗游**

山西:太原　齐家大院　河边民俗馆　平遥古城墙　临汾丁村民俗博物馆　运城　关帝庙　永乐宫元代壁画　**河南**:洛阳　豫西窑洞　**山东**:潍坊　安丘石家庄民俗村　风筝博物馆　杨家埠木版年画　**天津**:古文化街　杨柳青年画博物馆　**北京**:四合院　街巷胡同

10. **冰雪风光游**

辽宁:沈阳　故宫　北陵　**黑龙江**:哈尔滨　松花江畔灯冰雕　桃山狩猎场滑雪　**吉林**:吉林　雾凇　冰灯游园　滑雪　陨石博物馆　长春鹿场　朝鲜族村 11. **宗教朝圣游**

北京:卧佛寺　雍和宫　潭柘寺　白云观　**山西**:五台山　南山寺　显通寺　普化寺　佛事活动　**浙江**:普陀山　法雨寺　普济寺　慧济寺　佛事活动　舟山沈家门　**江西**:龙虎山　道教张天师府　**安徽**:九华山　化城寺　肉身宝殿　天台寺莲花峰　天柱峰　太白书堂　**四川**:峨嵋山　报国寺　万年寺　清音阁　佛事活动　乐山　乐山大佛　**湖北**:武当山　金殿　南岩宫　紫霄宫　道教音乐　武当拳　**青海**:塔尔寺　西藏:拉萨　布达拉宫　罗布林卡　大昭寺　色拉寺　日喀则　扎什伦布寺

12. **穆斯林风情游**

北京:牛街清真寺　东四清真寺　穆斯林大厦　东来顺饭庄　鸿宾楼饭庄　同和轩饭庄　亚东民族餐馆　**宁夏**:银川　南关清真寺　纳客户清真寺　同心清真寺　迎宾楼穆斯林风味饭庄　**新疆**:喀什　艾提尕清趑寺　香妃墓　阿巴和加麻扎　**陕西**:西安　历史博物馆

化觉巷清真寺　清雅斋饭庄　同生香餐馆　万年饭店　**上海**：松江清真寺　小桃园清真寺　回凤楼饭庄　功德林素菜馆　上海大西洋穆斯林餐馆　松江穆斯林餐馆　**广东**：广州　怀圣寺　清真先贤古墓光塔　穆斯林食品商场　回民餐馆　**福建**：泉州　清真寺　伊斯兰圣墓　穆斯林后裔村

13. **青少年修学游**

北京：中国历史博物馆　长安街　居民区　中学生交流联欢活动　**江苏**：南京　大学交流　中山陵　城墙　明孝陵　无锡中学交流　民俗村　三国城景　**上海**：居民区　中学生体育比赛　**天津**：学校交流　文体联欢　市民家居　**陕西**：历史博物馆　碑林博物馆　西安中学保育院　关中书院咸阳中医学院　文物复制　市民农民家庭　**山东**：曲阜　儒家学说讲座　中国书法　历史　民乐　绘画　武术　中医烹饪　孔府　孔庙　孔林　河南：郑州少林武术学校　少林武术塔林　观星台　开封　中国书法　绘画　宋都御街　洛阳佛教学说讲座　白马寺

14. **女青年之旅北京**：天安门　故宫　长城　天坛　颐和园　王府井　琉璃厂　赛特商场　燕莎商城　北京市内免税店　老舍茶馆　**辽宁**：大连　自然博物馆　老虎滩　金石滩　碧海山庄　工艺品商店　友谊商店　群英楼　欣浪国际海员娱乐宫　咪咪咪游乐城　**上海**：外滩　豫园博物馆　玉佛寺　南京路　新虹桥俱乐部　杂技　**陕西**：西安　碑林　历史博物馆　大雁塔　华清池　杨贵妃墓　法门寺　诸葛庙乾陵　仿唐乐舞

15. **中华健身游**

上海：中医学院草药　针灸按摩和气功　黄浦江边晨练　**江苏**：无锡　太极拳　太极剑药浴　太湖垂钩　**北京**：中日青年交流中心气功　武术　**河北**：保定　气功医院　古莲池健身　按摩医院　安国　中草药大世界　药王庙　**陕西**：咸阳　中医学院　咸阳“三神”气功

16. **海韵、湖北度假游**

（国家和省级旅游度假区）

文人游涂山

汪翠华　俞志强

距蚌埠市区西面20余里的涂山一带，相传是原始社会后期涂山氏聚居之地，称为涂山氏国，曾是大禹家室所在地。至今这里仍然流传着有关大禹治水的许多故事。

相传四千年前，洪水横流，陆地一片汪洋。为了治理水患，大禹接受舜委予他治水的重任，告别妻子，踏上征途。在治水过程中，他创造出较前人先进的治水办法，疏通了河道，使水患解除。大禹却因常年奔波，栉风沐雨，落得手不能握，膝不能屈，足不能行。但人们世世代代都铭记着大禹王的恩情，为了表达感激和思念之情，在涂山上盖了禹王庙。农历三月二十八日，是大禹与涂山氏女结婚的喜庆日子。此日人们要举行庙会，敲锣打鼓，载歌载舞，以示祝贺。据说“花鼓灯”就是从此产生的。

花鼓灯艺术是汉民族舞蹈最具代表性的舞种之一，被誉为“东方的芭蕾”。花鼓灯灯歌创作的特点是“有感而发，即兴而歌”。花鼓灯锣鼓是花鼓灯器乐的主体，也是我国打击乐中的精华之一。

目前与涂山氏有联系的旅游景点有：禹王宫、启母石、朝日崖、桑石、圣泉和灵泉、禹林、禹王庙遗址、荆山峡，另外有白乳泉卞和洞、双烈祠、涂山附近以廉洁著称的楚国贤相孙叔敖墓等。

启母石位于禹王宫南侧山崖下。传说禹王外出治水，涂山氏女时时惦记着夫君的寒暖，常常立于涂山山顶，眺望大禹的行踪，天长日久，化成了石头。人们又把这块似人的石头，称作“望夫石”。

圣泉和灵泉分布在禹王宫西侧。清澈澄碧，四季不竭。相传大禹治水时，同水怪作战，烈日下人们焦渴异常。为帮助治水队伍战水怪，有珍珠姊妹俩——圣珠和灵珠，化作山间两处清泉，供人们饮用。从此被称作圣泉和灵泉。唐代文学家柳宗元拜谒涂山时，作《涂山铭》，热情地歌颂涂山和大禹。他在《涂山铭》序文中说：涂山是大禹“功之所内定，德之所内涵，政之所内立”的地方。北宋大文学家苏轼，曾多次登涂山，瞻仰禹迹，有时就住在禹王庙的厢房之内，写了一批歌颂大禹和涂山的诗篇。苏辙、黄庭坚等人，也都在蚌埠留下了遗迹，留下了不少脍炙人口的佳作。黄庭坚揽胜于涂山之巅并赋诗一首：“涂山绝顶忆神功，亘古情形一览中。启母石迎新月白，防风冢映夕阳红。洪流匝地曾抱兽，老树参天欲化龙。有径直通霄汉外，登临无不是仙踪。”清代著名法家邓石如游涂山，题写了苍劲古朴的“旷览平成”四个隶书大字，镌刻于石壁。历代文人墨客的题咏，使涂山景区倍生光辉。